JN069252

世界史×日本史
講座：わたしたちの歴史総合 3

「近世」としての「東アジア近代」

地域のいまを問い直す

桃木 至朗
歴史総合研究会編

かもがわ出版

講座：わたしたちの歴史総合 世界史×日本史 刊行にあたって

「講座：わたしたちの歴史総合」は、「歴史総合」からの問いかけに対するひとつの応答である。

二〇〇六年に起きた世界史未履修問題に端を発して、歴史教育の見直しがはじまった。日本学術会議による高校地理歴史科についての「歴史基礎」「地理基礎」科目設置の提言（最初の提言は二〇一一年）、高大連携歴史教育研究会による入試と教科書の歴史用語精選の提案、中央教育審議会での議論など、さまざまな意見が出てきた。

これらの提言・意見をふまえて、二〇一八年三月に「高等学校学習指導要領」が告示された。歴史教育については、「歴史総合」（必修科目二単位）と「日本史探求」「世界史探求」（選択科目各三単位）が設置された。「歴史総合」は二〇二二年度、「日本史探求」「世界史探求」は二〇二三年度から授業を開始することになった。

新しい三科目、とくに「歴史総合」は、これまでの指導要領と抜本的に異なる性格をもっている。大きく分けてふたつある。

ひとつは、現代的な諸課題の直接的な淵源である一八世紀以後、今日にいたるまでの近現代史を必修とし、これまでのように日本史と世界史とに分けず、日本を完全に含む世界史とすることである。

もうひとつは、知識つめこみ型の「覚える歴史」から思考力育成型の「考える歴史」への

講座：わたしたちの歴史総合《世界史×日本史》

転換である。その方法として、史資料をもちいた問いかけと応答による対話のつみかさねのなかから、学習者自身が自ら問い、応答しうるような思考力・判断力・表現力を身につけていくようになることをめざしている点である。

前者については、昨今の動きのもとで多くの教員が取り上げている感染症や戦争の歴史をみても明らかなように、近代をあつかう「歴史総合」だけでは応答できない問いや課題も多い。そこで、人類発生以来の歴史をあつかう「探求」科目が日本史・世界史に分けてもうけられた。ここでは、「歴史総合」の問いかけをふまえて、世界史の中の「日本史探求」、日本史を含む「世界史探求」からの応答が必要である。

後者は、歴史研究者が、史資料を前にして机の上やフィールドでおこなっているような作業である。これにつうじる学習を高校の教室で展開するためにさまざまな努力がつみかさねられている。歴史学の方法を大学の中にとどめず、市民社会の共有物とするための、歴史研究者からの応答と協力が課題になるであろう。

「歴史総合」の提案に対し、新しい提言をふくむ解説書、実践事例、世界史シリーズなど、さまざまなかたちで「世界史」の刊行があいついでいる。「講座：わたしたちの歴史総合」のめざすところは、解説書や参考書の域にとどまらない。高校生や教師を含め、一般読者が現代的な諸課題を歴史的に考えるときの、教養としての世界史である。

わたしたちの講座は、新しい歴史科目に対応して、全六巻で編成する。「歴史総合」に応答するのは、一八世紀・一九世紀の近代を中心とする第三巻・第四巻、二〇世紀の世界を対象とする第五巻である。第一巻・第二巻は、「世界史探求」に対応して、有史以来、一七世紀にいたるまでの世界を対象とする。第六巻は、「日本史探求」に応答して、あえて日本通史を配することにした。

わたしたちの世界はどこにむかっているのだろうか。人類はどのような歴史的経験をへて、いまここにあるさまざまな課題に直面しているのだろうか。人類がたどってきた道筋の全体を考え、理解しうる教養がいまこそ必要ではないか。わたしたちの講座は、歴史教育からの問いかけによせて、それに応答しようとするひとつの試みである。

二〇二二年一二月二三日　歴史総合研究会

執筆者を代表して　渡辺信一郎

井上浩一
井野瀬久美恵
久保亨
小路田泰直
桃木至朗
（50音順）

〈目　次〉「近世」としての「東アジア近代」——地域のいまを問い直す

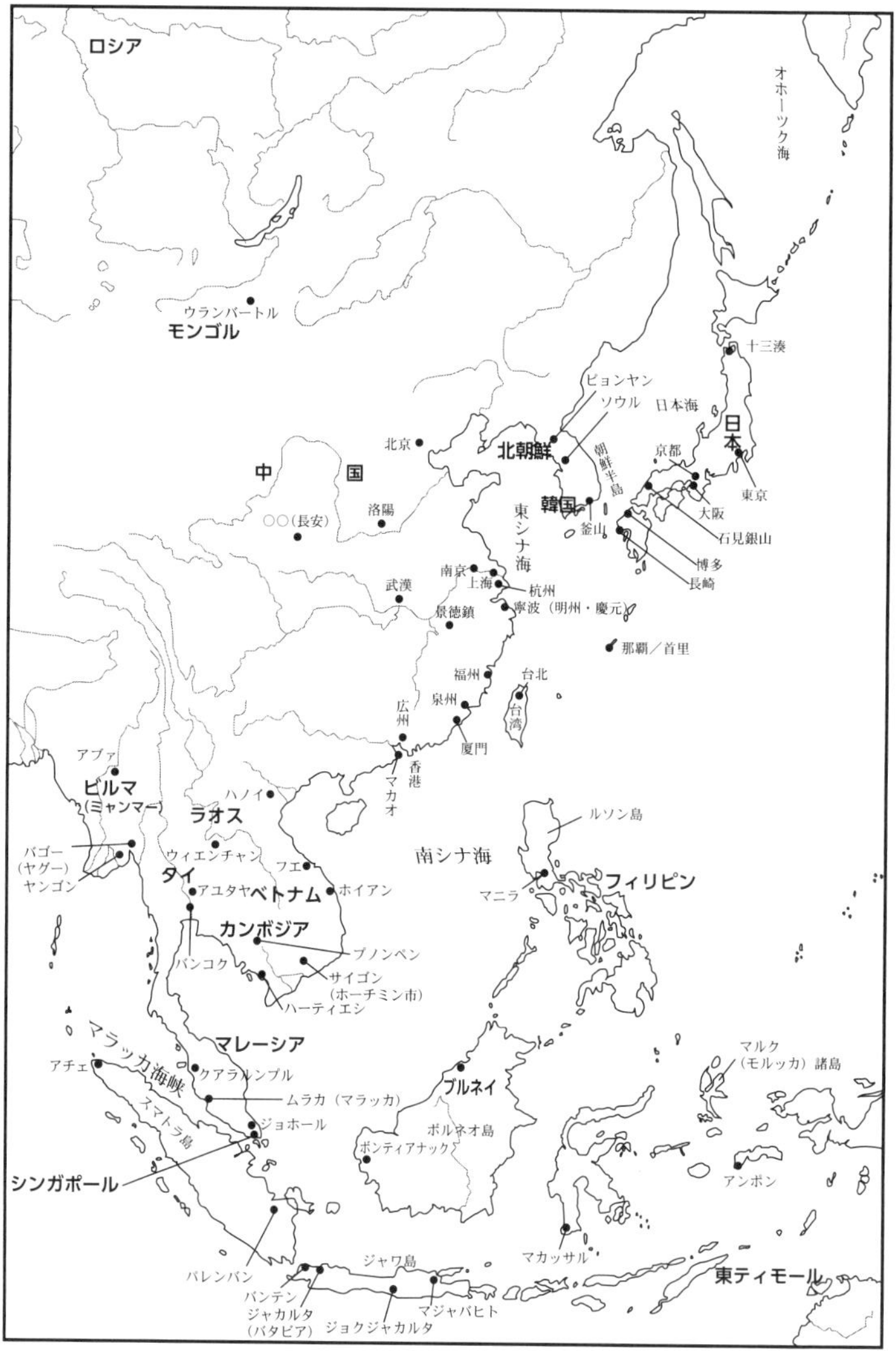

東アジア（東部ユーラシア）の地図
（桃木、山内、藤田、蓮田（編）2008：viiiの図1を改作）

まえがき——現代から過去への問い

この巻は近世~現代の東アジア地域を扱うが、執筆の主な目的は、その時代・地域に関する「新しい歴史学の見方、考え方の解説」にある。したがって、歴史そのものの叙述は少なく、概念や理論、抽象的な解説が多い。「必要」かつ「新しい」歴史そのものの叙述なら、すぐれた出版物はいくらでもあるが、中高教員はもちろん市民社会が広く理解すべき歴史と歴史学の見方・考え方の解説はまったく足りない。

それは一般読者には難しすぎる、大学の専門教育だけで提供できるものだという先入観に、みんなが縛られているように見える。しかし古い見方との違いの説明抜きの「新しい歴史」について、著者が言う意味での解説なしに、読者は新旧の違いを正確に理解できるだろうか。誤解・曲解は避けられるだろうか。また歴史の意味を否定したりねじ曲げたりする人々による「よくできた物語（歴史そのものを扱うとは限らない）」によって、「必要な知識」が上書きされることはないだろうか。そうした危険を避けつつ、自分でアップデートをできる考え方・能力を養うには、教員はもちろんだが市民社会が、一定の理屈や学問の歴史を心得ていることが不可欠である。今日の歴史学習や歴史認識の危機は、この点に関する専門家や市民の学問論・読書論の古さ、言い換えれば「知のＯＳ」の陳腐化の問題であるというのが、長年教養教育に関与してきた著者の確信である。この挑発を受け止めてくださる読者が少しでも多いことを祈りつつ、あえて難しい書き方に徹させていただくしだいである。

一、この巻の出発点となる現代史の問い

歴史そのものの通史的な知識・理解（それは五〇年後の教科書ではすっかり変わっているかもしれない）というより、「歴史家のように考える」ことを通じ「歴史を生きるdoing history」すべを学ぶ、言い換えれば①主権者・国際人が理解し考えねばならない現代世界の状況やそこでの課題を「歴史的に」考察する、②その過程で問い――各自の「自分事」としての問い――と資料に取組みながら歴史（学）の基本概念や調べ方・考え方を身につける、③特定の知識・技能を身につけて終わりでなく、学習結果をもとに問いをレベルアップしたり次の問いを立て、新しい学びにつなげてゆく、というのが「歴史総合」の目的である（「刊行にあたって」参照）。ではこれに照らすと、東アジア史で取り上げるべき現代の課題例には、どんなものがあるだろうか。

COVID‐19（新型コロナウイルス禍）はもちろんだが、マスコミ報道であれば他に、中国の膨張と強権政治、北朝鮮の核ミサイル問題、各国の間の領土問題と歴史認識をめぐる対立などが上位に来そうな気がする。他にもその人その人の関心によって、経済や環境、政治や文化・宗教、人口とジェンダーなどいろいろな課題が挙がるだろう。そういう場合、歴史学は現代そのものを特定の角度から扱う政治学・経済学等々の社会科学と比べて、一歩引いて巨視的・総合的かつ長期的な見方をしようとする点に特徴がある。右の諸課題をより広くかつ長期的な視野で考えるためには、どんな歴史的な問いが立てられるだろうか。

資料0‐1は、二〇一八年夏に公表されて冒頭に掲げられた、学習指導要領に関する「改訂の経緯」の書き出しの文章である（文部科学省二〇二一：一）。「学習指導要領解説」は、学習指導要領の背景説明や内容の逐条的解説などを含む文書で、指導要領そのもののような法的拘束力はもたないとされるが、実際に教科書

編纂や教育現場に与える影響力は、簡潔で抽象的な記述が多い指導要領より大きいとも見なされる。またどちらも教育学独特の概念や用語を用いて書かれている点には注意が必要である。「解説」は上の文章に続けて、人工知能（ＡＩ）やＩｏＴ（モノのインターネット化）による社会や生活の変化、予測困難な時代が来る一方で選挙権年齢が一八歳に引き下げられ、高校生が積極的に国家や社会の形成に参画すべき環境が整いつつあることなどを述べて、そのような時代に求められる新しい教育に関する審議過程、行われるべき教育のあり方の説明に移る。この「解説」は、少子高齢化による生産年齢人口の減少とグローバル化の二つを、現在から近未来にかけての重要課題のトップにもってきたわけである。

今の子供たちやこれから誕生する子供たちが、成人して社会で活躍する頃には、我が国は厳しい挑戦の時代を迎えていると予想される。生産年齢人口の減少、グローバル化の進展や絶え間ない技術革新等により、社会構造や雇用環境は大きく、また急速に変化しており、予測が困難な時代となっている。また、急激な少子高齢化が進む中で成熟社会を迎えた我が国にあっては、一人一人が持続可能な社会の担い手として、その多様性を原動力とし、質的な豊かさを伴った個人と社会の成長につながる新たな価値を生み出していくことが期待される。

資料 0-1　『高等学校学習指導要領解説　地理歴史編』

本巻はグローバルな歴史に東アジアを位置づけることを中心課題とするのだが、上の「解説」とよく似た問題意識をもつ。そのため切り口として、日本に限らず男性（特に中年以上）の反応が鈍い少子化（や高齢化）問題、その背後にある家族やジェンダーの理解を重視する。それは、そうした男性たちのメンタリティに強く影響した「輝かしい経済成長」（その最後のピークは、バブルの余波がなお残り日本を先頭にした連鎖反応的な経済成長が「東アジアの奇跡」と呼ばれた一九九〇年代）の思い出と切り離しがたい関係をもつ点で、「厄介な」課題である。最初に、こうした課題意識をあらわす二つの問いを掲げておく（以下の考察・叙述は経済や国際秩序などグローバルな背景の方を先にするので、ここでもグローバルな問いを前に置く）。実際の歴史総合や新しい選択科目「日本史探究」「世界史探究」の授業では、こうした一般的な問いを生徒の生活や問題意識に即した「生徒自身の問い」に変換したうえで、それに取り組む「主体的・対話的で深い学び」を通じて、そのテーマに関する大づかみで一般的な理解や新たな問いに到達することが期待されているのである。

問一――二〇世紀後半の「東アジアの奇跡」にはどのような歴史的背景があったか、近代以前に遡って説明せよ。そこには明治維新以後の日本の近代化、第二次大戦に至る帝国主義・植民地支配の展開、大戦前後の東アジアにおける社会主義の大きな前進などとの関連性や基盤の共通性はなかったか？

問二――現代東アジアが抱える様々な問題（人口と環境、民主主義と人権、歴史認識の対立…）、とりわけ人類史上に例のない現代東アジアの少子化と人口減少社会の到来には、どのような歴史的背景があるか？それは「東アジアの奇跡」といかなる関係にあるか？

資料0-2にも見られる問一の経済成長は、新しい高校教科書を注意深く読むと、実はかなりの程度答えが書いてある（まだ気付いていない人が多数派だが）。資料のもとになったアンガス・マディソンの地域別GDP変遷グラフ（マディソン二〇一五）は、今や参考書や入試でもポピュラーになっており、様々な教材や試験問題に加工できるだろう。ただ一九世紀前半までの推計の大部分は、資料が残っている特定の年の人口（それ自体も推計）に代表的な作物生産高や家計収入額を掛け合わせ、間は直線で結ぶという方法によってお

（単位：百万ドル、カッコ内%）

	1500	1820	1950	2008
西ヨーロッパ	38,426（15）	141,408（20）	1,286,643（24）	7,402,911（15）
アメリカ合衆国	800（0）	12,548（2）	1,455,916（27）	9,485,136（19）
計	39,226（16）	153,956（22）	2,742,559（51）	16,888,047（33）
中　国	61,800（25）	228,600（33）	244,985（5）	8,908,894（17）
日　本	7,700（3）	20,739（3）	160,966（3）	2,904,141（6）
NIES, ASEAN	n.a	n.a	149,189（3）	3,904,665（8）
東アジア計	69,500（28）	249,339（36）	555,140（10）	15,717,700（31）
インド	60,500（24）	111,417（16）	222,222（4）	3,415,183（7）
パキスタン,バングラディシュ,スリランカ	n.a	n.a	59,432（1）	666,787（1）
南アジア計	60,500（24）	111,417（16）	281,654（5）	4,081,970（8）
アジア計	161,317（65）	412,477（59）	990,843（19）	22,288,543（44）
世界計	248,321（100）	695,346（100）	5,329,719（100）	50,973,935（100）

資料0-2　世界主要地域のGDPの変遷

り、あくまで大まかな傾向を知ることしかできない点には注意が必要である。

ここでは教科書にまともに取り上げられていない問二に関連して、以下の課題をまず解決しておこう。

課題0−1−1　現代東アジアや欧米諸国の出生率の推移について調べてみよう。その際、報道などで使われているいくつかの基本概念を確かめておくこと。

高度な近代社会が展開する中で先に少子化を経験したヨーロッパでは、現在は多様な対策がある程度の成果を挙げている。これに対し社会主義の中国やベトナム、タイやシンガポールを含む東アジア文化圏諸国では、二〇世紀末以降に人類史上おそらく例のない「平和時の急速な少子化」が進む一方で、ヨーロッパのような対策が取れないまま、人口減少社会に突入しつつある。もちろん子供をどれだけ生むか生まないかは女性たちを中心に生殖可能な条件をもつ人々の自己決定権に属することがらだというのが今日の考え方だし、資源環境問題を考えると人口は今より少ないほうがよい。それにしても東アジアの現状は「子供がほしい」女性や男性の希望が露骨に邪魔をされ、経済・国家財政から家族生活まで幅広いひずみや危機を増幅していないだろうか。日本など東アジア先進諸国が、そうはいっても「人口ボーナス」を一定期間享受できたのに対し、域内・近隣には、「中所得国（中進国）」のままで高齢・人口減少社会に突入しつつあるような国も見られる。

現代東アジアのこれらの動きは、経済や国家財政の問題だけでなく、社会に対する先行き不安が近隣諸国など他者への攻撃性を高める今日の事態の、明白な一因となっている。

課題0−1−2　高齢化だけでなく出生率・死亡率などいろいろな問題に関連する「平均寿命」という概念について、正確に理解しているか確認しておこう。

平均寿命という概念も、誤解が多いので確認が必要である。

☞ワンポイント解説0−1

出生率や少子化の問題については、高校ならむしろ地理で習ういくつかの概念を理解しておく必要がある。たとえば一人の女性が一生に産む子どもの数の平均値をTFR（合計特殊出生率）と呼ぶ。子どもの一部は生殖可能年齢に達する前に死ぬから、TFRは2よりいくらか高くないと、人口は維持できない。次に、近代化・工業化の過程では一般的に多産多死→多産少死→少産少死という「人口転換」が起こるとされる。かつては十分な近代化ののちには「少産少子で人口が安定する」と想定されていたのだが、やがて先進国では、人口の維持を不可能にするような少子化（新しい人口転換）が顕著になってきた。第三に、経済発展に成功した国々では、労働力となる若者は増えるが子どもが減りはじめ老人はまだ少ない、つまり扶養を要する人口が少なく富や税収の多くを生産のための投資に向けられる「人口ボーナス」を享受したという考え方も頭に入れておくとよいだろう。

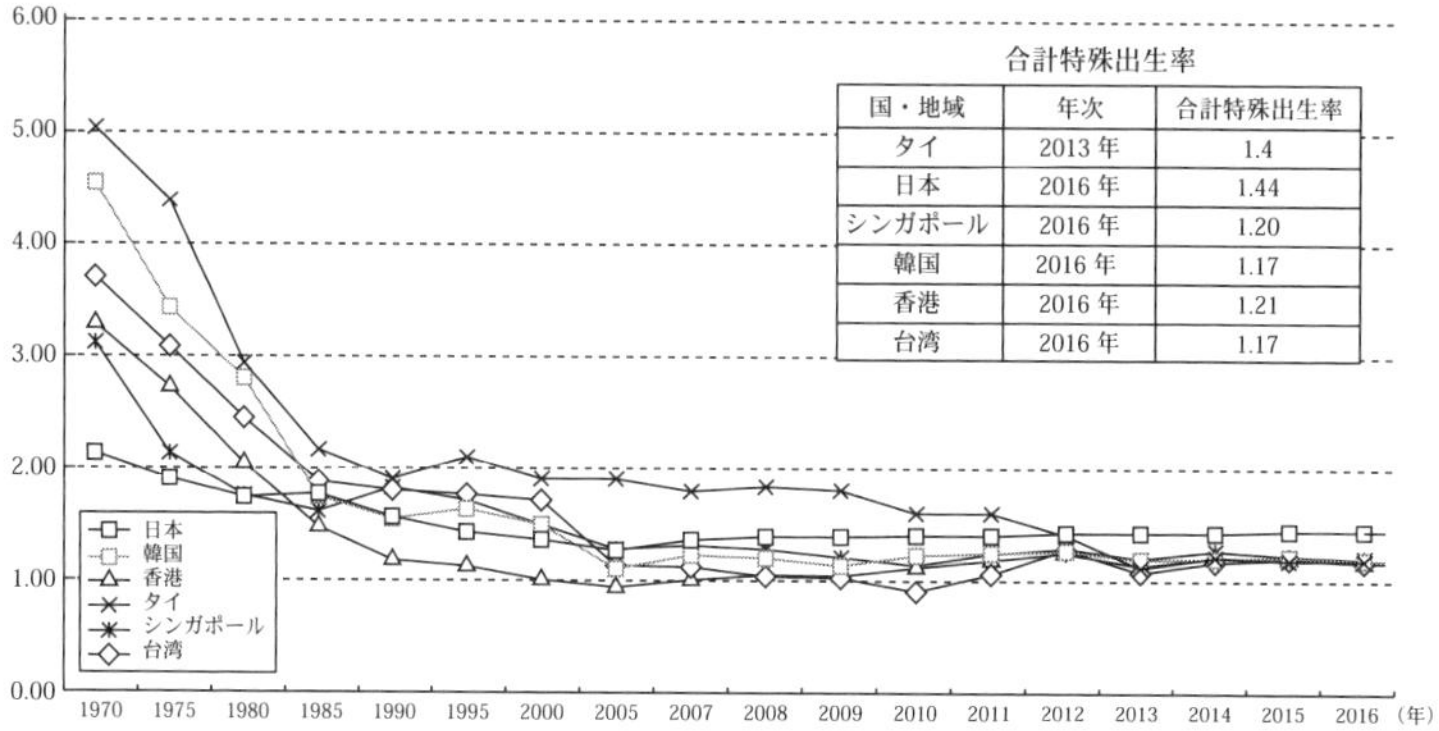

国・地域	年次	合計特殊出生率
タイ	2013 年	1.4
日本	2016 年	1.44
シンガポール	2016 年	1.20
韓国	2016 年	1.17
香港	2016 年	1.21
台湾	2016 年	1.17

資料 0-3　東アジア諸国の合計特殊出生率の推移

これは普通「ゼロ歳児の現状で期待される平均余命」の意味で使われ、現代日本では平均余命（ゼロ歳児の）が男女とも八〇歳を超えているのに対し、明治時代は四〇歳強だったとされる。問題はこれについて「全員が四〇歳で死んでいた」に近い誤解をする生徒どころか大人も多いことである（難関大学とされる著者の勤務先でもそうだった。中には「長男は大事に育てられるから、多産多死の時代でも長生きが多かった」などと答える、「総領《そうりょう》の甚六《じんろく》」という言葉など見たことも聞いたこともない史学系専攻の学生もいたと記憶する）。

平安時代の藤原彰子《しょうし》は数えで八七歳まで生き、関ヶ原の敗将宇喜多秀家《うきたひでいえ》は八四歳まで配流先の八丈島で生きて、関ヶ原合戦の五五年後に死んだ。長生きは珍しくない。問題は大人になるまで育つ子どもはきわめて少なかったことである。五歳や七歳のお祝いは、ここまで育てば一安心という意味を持っていた。中高生ならそのあたりを体感させるために、「ある夫婦が明治時代後半期に一〇人子どもを産んだ。その平均寿命は四〇歳だった。一〇人それぞれの死亡年齢のありそうなモデルを作れ」といった課題に取り組ませるのが、政治・経済・社会などの領域での市民教育にも必須である統計・確率のリテラシーに導くためにも有効かもしれない。

こうした少子・高齢化や環境の問題などが近代化のスピードだけの問題であれば、「時間が解決する」と言えるし、新自由主義の悪影響だけなら政策的是正も可能だろう。だが、以下で見るように、近世以降の文化的・歴史的要因の重みを考えると、世界でもきわめて低いレベルに低迷する日中韓諸国のジェンダー格差の是正と同様、そう単純な問題ではないことがわかるはずである。

二、この巻の枠組みと書き方

本論に入る前に、この巻で扱う空間と時間、問題領域、そして書き方の特徴について簡単に説明しておきたい。

課題0—2—1　世界史を「地域」に区切るときの「地域」とは何だろうか。

まず地域について。この巻でいう東アジア（この語をめぐる研究史は〔李二〇一八〕）は、戦後日本の歴史学界で重視されてきた、中国を中心に日本や朝鮮半島、ベトナムその他の周辺地域を含めた狭義の用法に従う場合もある。しかし基本的には、日本・朝鮮半島などの東北（北東）アジアから東南アジアにまたがる地域の全体を指して用いることとする。経済や国際政治の世界では珍しくない用法である。そこでは場合によって、「中国」は一つの地域でというより「東北アジア」「東南アジア」や「内陸アジア」など複数の地域の接点と理解される。ただし近世以降に焦点を当てる巻の性質上、それ以前であればむしろ主役になってもおかしくない「内陸アジア」ないし「中央ユーラシア」には、部分的にしか言及しない。

なお東南アジアを含めるのは、かつての「大東亜共栄圏」から現代の「東アジア首脳会議」「アジア太平洋」まで、現代的課題を扱うための枠組みがつねにそうしてきたからという現実性だけが理由ではない。東南アジア史・海域アジア史を専攻するこの巻の著者（桃木・山内。・藤田・蓮田（編）二〇〇九もご覧いただきたい）は、日本史学の「閉じた一国史」や東洋史学の古い「中華史観」からの転換、そして諸国民の相互理解・歴史理解のための具体的行動として、学界や市民社会のどこでも実践されている「日中韓（朝）、ときどき越、おしまい」のような枠組みに、きわめて批判的なのである。日本などそれぞれの一国史観に劣らず思考を固定化させがちな「（狭義の）東アジア世界」の像は、漢字文化圏の外部への蔑視、西洋近代への素直な崇拝など、進んだ者、豊かな者が偉いという「華夷意識」を再生産するきらいがあった。それが東南アジアを組み込むことによってどう違って見えるかを、読者に示したいのである。

ただそれは、狭義の東アジア世界論のオルターナティブとして、「この地域区分が正しい」という主張をおこなうことが目的ではない。日本列島を含む広域空間を「多面的・多角的に」理解するための便宜的な空間として、それは提示されており、その点では近年の歴史学で広がりつつある「海域アジア」「東部ユーラシア」などと位相を共有する（前者の海への、後者の陸への偏りを避けて、この巻では使わないのだが）。あえていえばこれらはいずれも、同一の要素群（例えば漢字・儒教・北伝仏教・律令）の共有や構造的連関（たとえば「冊封体制《さくほう》」を通じたもの）にもとづくよりも、異なる人々の相互作用がおこなわれる「場」ないし「空間」としての地域に着目しようとしている。そこではたとえば朝鮮半島は、東アジア漢字圏の一部であるだけでなく、ことがらによってはモンゴルなど中央ユーラシア世界、あるいは極東ロシアとのつながりが重大な意味をもつことにもなる。ただしそうした非構造的・非排他的な空間設定をするとなると、本当は東南アジアの先にあるオセアニアや南アジアの歴史も視野に入れないとおかしい。だが、そこは紙幅や著者の能力の限界のためほとんど触れることができない。

課題0-2-2　歴史上の「時代」とは何を区分したものだろうか。

次に、本書のタイトルで使われた「近世」という時代区分の意味についても説明が必要だろう。それはヨーロッパ史で、産業革命と市民革命などで代表される狭義の近代と区別して、ルネサンスや宗教改革と科学革命、「絶対王政」などで代表される時期を指す用語として用いられてきた英語の early modern、つまり「初期（早期）近代」に対応する用語を、拡大解釈して世界中で使おうとする動きに従って普及した語である。

もともと近世という漢語は、現在につながる近過去ないし「いまの時代」の意味で使われたこともあるが、第二次世界大戦後のアジア史

☞ワンポイント解説0-2

「地域区分をきちんと一つに（絶対的に）定義しないのはおかしい」と思われる読者がいるに違いない。しかし現代歴史学は、地域に限らずいろいろな事象の間に絶対的な線を引くより、間にある重なり合いやグラデーションに着目すること、研究対象や視角によって違った事象の分け方をしてみることなどを重視している（古田 1999 も見よ）。「国境」もそうである。「地域」にいろいろなまとまり方やくくり方を説いた歴史学者の論として、イスラーム世界の専門家である板垣雄三の「N 地域論」がよく知られている。1980 ～ 90 年代に大きな注目を浴びた「東南アジア地域研究」も、根強い「一国研究の寄せ集め」の実態にもかかわらず、東南アジアを「固定した／閉じた」領域にしない意思を共有していた。

の叙述においては、日本史や京都学派の中国史など一部を除いては、その用法はほとんど姿を消した（岸本二〇〇六も見よ）。アヘン戦争や幕末維新などの「ウエスタンインパクト（西洋の衝撃）」で始まる東アジアの「近代史」の前には、「ずっと変わらない伝統社会」でなければ「長く続き停滞・衰退に陥った封建社会（「近世」日本以外はすべて中世？）」が想定されていた。そこではまた、二つの前提が共有されていた。第一に、西欧・北米の近代化やその結果できた近代性（モダニティ）が人類社会の近代化の唯一絶対のモデルであり、他地域の近代化はかりにその内部で萌芽が見られたにしても自力では十分展開できなかったため、西欧・北米モデルの移植や学習による近代化が不可避であったという理解。第二は、近代化の遅速や質の違いを国ごとに比較するという方法である。その方法によれば、ある国はすでに近代に入っているが、同時期の別の国はまだ中世段階にあるというような見方が普通に受け入れられる。高校で教える日本史の「近世」という時代区分も基本的に、この二つの前提のうえで、西欧社会との共通点（に関する当時の理解）に着目したものだった。

これに対して二〇世紀末以降の歴史学においては、ヨーロッパないし大西洋世界に限らず世界各地の歴史について、また世界各地の学界において、近世（early modern）の語が使われている。そこでは、①一国との発展よりも「世界の一体化」による相互に連動した変化（国・地域ごとの違いは、変化の影響やそれに対する反応の差異ととらえられる）に着目する、②近代化（特に資本主義化や工業化）に至る道が西欧・北米が実際にたどったコース以外にもありうると想定して新しい地域間や国家間の比較を試みる、などの特徴が、いわゆるグローバルヒストリー（水島二〇一〇、秋田（編）二〇一九ほか）に限らぬ広い範囲で共有されている。近世社会を構成した諸要素のうち、資本主義化・工業化や市民革命・国民国家形成など「狭義の近代」の諸特徴につながっていかない部分は、かつてはその地域固有の「封建制の残滓《ざんし》」でなければ過渡的な状況と片付けられるのが常だった。が、肯定的に評価するかどうかは別として、国境で閉じない人・物・カネ・情報・技術の広域流動とそこに広がる豊かな者と貧しい者の不平等な相互依存関係、国民国家でなく帝国や「東インド会社」のような多国籍企業の主導的役割、自由民主主義でなく権威主義や独占が当たり前の政治構造、西欧でなく中国が世界経済の中心である状況など、近世世界の状況は、われわれの目の前に広がる「ポスト近代」ないし「後期近代」の世界のありかたを考える材料に満ちているではないか。この巻が東アジアの近世に焦点を当てるのも、そうした発想が土台にある。

なおこの近世概念も、地域の区切り方と同様、厳密な時代区分法の確定を目ざすというより、「古代―中世―近代」など固定的な時代区分をゆさぶり、多様なベクトルとその相互作用を見るための便宜的な枠組みという性格をもつことを、あらかじめ頭に入れていただきたい。そこから結局、「中世」「近代」などその他の時代概念も、同じようなに固定的ではありえないことが見えてくるだろう。また「近世」「近代」や「封建制」「資本主義」など従来型の抽象的な言葉による時代の表示以外に、「長期の一六世紀」「短い二〇世紀」のような新しい時代の表示もあわせて用いられることになる。

課題0―2―3　ジェンダー史や歴史人口学は、人類史像や歴史学の方法をそれぞれどう変えただろうか。

「歴史総合」で生徒たちが学ぶ歴史のトピックや見方・考え方には、二〇世紀の最後の三分の一ないし四分の一の期間、言い換えれば「ポスト近代」ないし「後期近代」（のちに「第二の近代」の語も紹介する）への移行が意識されるようになった時期に、初めて認識され研究が進められたようなものが少なくない。日本の教科書や社会は、それを断片的にしか認識していないことがきわめて多い点が問題である。現代史以外についても「時代が変われば歴史も変わる」という単純な真理は、研究・教育の業界外ではあまり共有されていないが、グローバル化やIT技術の発達、社会の変化につれて、それまで関心をもたれなかったテーマが浮上する、それまでは資料はあっても研究が困難だったことがらが科学技術の進歩で解明できるようになるといった変化は、歴史学においても当たり前に起こる。

たとえば選挙権など法制上の平等と、近代社会で出現した「愛情のみで結びつくプライベートな存在としての核家族（近代家族）」の形成によって、男女間の不平等はすべてなくなるかとかつては思われていたが、そうではないことが広く気づかれ、やがて性的少数派や、男性の生きづらさをも対象とするジェンダー研究の大波がおこった。二〇世紀後半のフェミニズムが掲げた「個人的なことは政治的なこと」というスローガンは、客観的真理の認識以外を学問の目的と認めないような一九世紀的科学観が批判され、認識とアイデンティティ、言説と表象など主観的な世界が広く研究されるようになる転換の一環として力をもった（三成・姫岡・小浜（編）二〇一四など）。先進国の少子化や家族形態の変化などを背景に第二次世界大戦後の英仏で生み出された歴史人口学という学問分野は、情報処理技術の発達とともに日本を含む世界に広がり、「伝統社会」

☞ワンポイント解説0-3

現在の歴史学は、世界の一体化が進みその中での共通性と差異が問題になる近世より前の時代について、ヨーロッパ史の時代区分やマルクス主義の発展段階など共通の基準にもとづいて、世界中を「古代」「中世」などと区切ることをほとんどしない。もちろん時代を区切らず史実を並べただけでは歴史は書けないのだが、現在の教科書や概説書では（場合によって近世以降も含め）、国・地域や、政治史・文化史など問題領域ごとに違った時期区分がおこなわれるのが普通である。

イコール「伝統的な早婚と大家族」などの俗説を打破した（エマニュエル・トッド二〇〇八、秋田・脇村（編）二〇二〇など参照）。それは一方ですべてをGDPに還元する無機質で非人間的な方向性をも含む計量経済史（日本については特に、「岩波講座　日本経済の歴史」などにこの巻でも引く詳しい数値が載る）と、他方で性と生をめぐる個別の多様な存在・選択を認めることを主張するジェンダー学などをつなぐ役割も果たしている。

以上のような新しい考え方と研究成果を前提に、この巻は、一九～二〇世紀の東アジア史の展開と現在におけるその帰結を、アヘン戦争や明治維新に始まる、それ以前とは断絶した「近代」史（キャッチアップ型でどこかいびつな）と見るよりは、「近世」以来の長い歴史の中で理解しようとする。奇妙な巻のタイトルは、その意志を反映している。

第一章では、シリーズ第一巻と重複する部分があるが、この地域の近世の前提となる古代・中世史のポイントを紹介する。近世が大事といっても東アジアは神より歴史をめぐってしばしば争う地域である。その背後には古代以来の歴史がある。章の最後には、モンゴル帝国と明朝海禁＝朝貢体制の役割など近世へ向かう動きについて概観する。続いて第二章から四章で、本論というべき近世の経済・社会変動を取り上げる。第二章は近年高校教育などの場でもすっかり一般化したところだが、ヨーロッパ人の到来や「銀の奔流」などを中心にした一六～一七世紀のグローバルな経済変動と交流が、東アジアでいかに展開したかを述べる。第三章・四章は、それらのベクトルと各地の社会における独自の展開の「合力」として、「長い一八世紀」前後の時期にどのような「伝統社会」が出来上がったかを、小農社会と儒教化（朱子学化）という切り口から論じる。シリーズ第四巻と重複する部分を含む第五章では、こうした近世との連続性と断絶の両方を意識しながら、ウエスタンインパクトから二〇世紀末までの「近現代史」の特徴を概観し、続く第六章で歴史総合が求める「現代の課題」を意識しながら、二〇世紀末以降の「東アジアの現在地点」について論ずる。終章では最初の問いに戻り、さらに歴史への問いの答えから何をくみ取り、COVID-19以後の人類社会や行動をどう構想・選択するのかを読者とともに考えたい。

現代歴史学の成果や方法論、現代国際社会の目標に合わせてそのような問いに答えようとすれば、以前の高校教科書やマスコミなどで踏襲されてきた理解や考え方を改めねばならない点がたくさん出てくる。ただ、そこで必要になる新しい理解や考え方には、対戦型のスポーツで攻撃と防御のどちらを重んじるかのような「永遠の対立」において、現在はある理由でどちらか一方に注目があつまっているがそれは将来また変わるだろうといった性質のものもあれば、相対性理論が承認されたのでニュートン力学の通用範囲が限定されたというような不可逆的変化にもとづくものの両方がある。そうした変化を理解するためのポイントを示したメインクエスチョンに当たる「章の問い」とより具体的な「課題」、それに理解を助ける「ワンポイント解説」も各所に配置する。紙幅の都合もあり、歴史総合の教科書・資料集のように多様な資料の紹介はできないし、参考文献にも偏りがあるが、それぞれの課題や解説によって、高校で習うような個別事実の知識がどう整理されどんな像を結ぶかを意識しながら読み進めていただければ有り難い。筆者や元の勤務先の仲間たちの見方をまとめた大学用教科書（大阪大学歴史教育研究会（編）二〇一四、桃木二〇二二bなど）と併読していただくのも面白いかもしれない。

第一章

東アジアの「基層社会」と古代・中世

章の問い——世界の多くの地域では、古代帝国はやがて解体し古代文明や地域世界の構造も変化したが、東アジアでは古代に成立した中華帝国・中華文明の仕組みが長期に存続し周辺にも影響を与え続けた。何がそれを可能にしたか。軍事的に優勢な遊牧民との関係に注意しながら、軍事を含む国家体制と国際秩序、文明の特質などを整理せよ。

この章では近世・近代を考える前提として、東南アジアを含む東アジアの社会や国家がもついくつかの地理的・歴史的な特徴について紹介する。「基層社会」は民族学などの術語で、国家形成や外来文明の受容などの土台となるような、各地域の「もともとの」社会・文化に着目する際に用いられる。「古代」「中世」などの時代区分は、日本を除くアジアについては確立した区切り方が存在しないので、この巻の使い方も便宜的・相対的なものである。なお著者は、以前は狭義の東アジアで「インテリなら誰でも知っていた」漢字文化圏共通の知識がほぼ喪失し、その一方で「東アジアの人々が馬鹿にして知ろうとしなかった」東南アジアの社会・文化の正確な基礎知識が広がらない現状に強い危機感を持っている。

この巻全体、特に第一章は、そうした基礎知識の確認の場としても使いたい。一方、繰りかえしになるが、王朝や国家の興亡のような事実は、高校教科書などで確認していただけばよい。岩波新書の中国史シリーズ全五巻（渡辺信一郎ほか二〇一九–二〇）や東南アジア史研究を世界に発信してきたアンソニー・リードによる通史（アンソニー・リード二〇二一）などの読みやすいものから、刊行中の『岩波講座世界歴史』シリーズや、山川世界歴史大系の朝鮮史の解説（李・宮嶋・糟谷二〇一八）、『新版東南アジアを知る事典』（桃木ほか（編）二〇〇八）、など専門性をもつ事典や研究入門まで、便利な書物も次々出版されている。

一、小農民と専制国家

課題1―1―1　中国人（漢民族）の主食は何だろう？

中央ユーラシア（中央アジア）というと遊牧民を思い浮かべる読者であれば、狭義の東アジア世界の古くからの住民としてはまず農民を思い浮かべるだろう。「海域アジア史」などが流行した東南アジアについては、海洋民を思い浮かべる方が多いかもしれないが、そこでも大陸部（インドシナ半島）だけでなく「島嶼《とうしょ》部」を含め、紀元前からさまざまな形態の農耕が行われている。ただし、資源は豊かだが多くの伝染病や洪水、地震と火山噴火などの自然災害の激しさに代表される自然の苛烈さに禍いされて、東南アジアでは北部ベトナムやジャワ島など一部地域を除き、近代まで人口が少ないままだった。

狭義の東アジアが新石器時代にさかのぼる農耕文明をもっており、それを基盤にした人口密度の高い農民社会が展開してきたことは間違いない。中国大陸（チャイナプロパーとも呼ばれる、漢族が主に住む地域）や朝鮮半島の北部などの比較的乾燥し年平均気温も低い地域――それは西方・北方の遊牧世界と重なり合う「農牧境界地帯」でもあった――では畑作と雑穀（後には小麦）の粉食、それより南の温暖湿潤な地域では稲作と米の粒食が、早くから卓越していた。また北方・西方に広がる遊牧地域との関係も特徴がある。ヨーロッパなどユーラシア西方でよく見られる畑作と牧畜が不可分に結合した形態と違い、ユーラシア東方では両者の担い手や地域が比較的鮮明に分かれている。ゴビ砂漠などの北側には遊牧（と狩猟）に特化した世界が広がるが、その遊牧は自然の厳しさのためほとんど余剰生産物を生み出さない。他方で騎馬と騎射技術は、遊牧民に前近代の陸上では最高の移動能力と軍事能力をもたらすので、オアシス都市や、より大規模な定住農耕社会との相互関係が容易に生じる。遊牧民の軍事力（軍事力だから実力主義がともなう）を基盤に形成される「遊牧国家」にとって、経済面では農耕社会や「シルクロード交易」がもたらす富が不可欠なので、そこでは農耕民や商人などとの（平等とは限らないが）相互依存関係が必ず作られ、したがって遊牧国家は一般に、実力主義にもとづく多民族・多文化の国家になる。

　東南アジアを含めた広義の東アジアの農耕社会では、かつて想定された「原始的な氏族社会」とか「家《か》父《ふ》長制《ちょうせい》の大家族」が継続したのではない。本講座第一巻で見た通り、中国では遅くとも秦漢帝国の段階までに、単婚小家族（いわゆる核家族）が多数を占めていたことが、現在の中国古代史では常識になっている。ただしまだ可耕地が十分ある一方で技術レベルが低く、しかも国家による税や労役の負担が重い古代社会では、そのような小家族による「小経営」は、安定的に生産を続けることが困難で、破産や他の土地への移動（逃散、流亡）を繰り返していた。長期間安定的に存続しえたのは、鉄製農具や牛などの生産資材を十分もち、流亡した小農民の一部を吸収して生存と引き替えに隷属民として生産や家内労働に使役するような、有力者（貴族や豪族）の大経営だけだった。また古代までの東アジア社会では、家系への関心や血統によって人の地位が決まるという発想は、理念としては存在したが後世のように強く社会を規定してはいなかった。実態としては父系・母系を平等に扱う「双系（双方）制」がもともとは普通で、中国でも秦の統一以前、日本列島・朝鮮半島や東南アジアでは紀元後第二千年紀まで、女性の財産権も法的に認められていた。個々人にとってどの血縁・親族関係が重視されるか、婚姻はどんな形態で行われるかなどには、色々なパターンがありえた

（桃木二〇一一：第二部でやや詳しく説明した）。

課題1-2-1　中国人（漢族）の伝統的な宗教は何か？
課題1-2-2　漢字は本当に表意文字だろうか？
課題1-2-3　日本の「旧暦」は「太陰暦」だろうか？　そうだとすると、農業に使えただろうか？

ユーラシアの東西に伸びる農牧境界地域では、農耕社会と遊牧社会の相互作用などを背景に早くから文明が成立し、都市・国家や宗教も発達した。古代の中国では、各地の政治勢力が「中原王朝」とゆるやかに結びつく「貢献制」「封建制」などの理念もあったが、結局はそれは、秦漢帝国などの巨大統一帝国のしくみに組み込まれてゆく。この帝国は理念上では、均質な小農民の上に万能の支配者（天子＝皇帝）が君臨する一君万民《いっくんばんみん》の仕組みをもつ。近代以前に、このような巨大帝国の全域に緊密・均質な支配を敷くことは技術的に不可能に近いので、地域ごとの多様性は否定しようもなかった。また地縁・血縁や生業などにもとづき個人と国家の間に介在する「中間団体」が、内部制裁など国家の立ち入りを許さ

☞ワンポイント解説1-1
「原始社会は母権制だった（階級社会や国家の成立とともにそれが父権制に転換した）」と覚えた年配の読者には、19世紀の民族学が作り上げたこの像が、20世紀の人類学や考古学の発達によってくつがえされた事実を知っていただく必要がある。残念ながら「原始、女性は太陽だった」とは断言できないのである。そもそも系譜や血統の観念、氏族の強いまとまり、それらの目印としての「姓」などどれも、普遍的な存在を証明はできない。多様でゆるやかな結びつきと、そこで相対的に大きな意味をもつ個人の力や選択などが大事だったというのが、現在の一般的な理解であろう。婚姻はお互いの愛情が一致する限りで存続する非永続的なものであった。そうした特徴に早期に着目した東南アジア社会学の「双系性社会論」は、古代の日本や朝鮮半島などの研究でも広く受け入れられている。

ない諸機能をもつことは、実態としていくらでもありえた。ただしそれが、「法」ないし「制度」として公認されることはありえなかった。そうした意味で中華帝国が「専制国家」であったことが、現在の学界では広く承認されている。

しかし多様性がすべてであれば広域帝国は成り立たない。そこでは統一性を保証する道具として、発達した官僚制と法制、広域行政や意思疎通と文化の伝播を可能にした漢字・漢文、広域行政と農耕の両面で必要な暦法など、さまざまなシステムが創り出され定着した（本講座第一巻でいう古典国制）。また、漢代に伝来した仏教を含む複数宗教の影響下に（儒仏道の「三教」とその他の「民間信仰」に分けるのが普通）、独特の文明と世界像・歴史意識が発達した。そこに成立した帝国は、市民や地域社会の合意と契約にもとづいて作られるのではなく、上から社会を覆った。それは確かに「天命」や「士大夫《したいふ》の公論」など考え方を通じて間接的に民の福祉を目標とする義務を負ったが、直接の決定権はあくまで国家ないし君主の側にあった。

それは人間や土地を支配するだけでなく、暦や年号を通じて時間をも支配した。そのような絶対性をもつ国家や君主の権威はしかし、複数の宗教が併存する東アジアでは、特定の宗教やその神によって絶対化することが困難だった。政治思想において儒教が主流だったといっても（儒教の詳しい説明は四章でする予定）、「五経」などの経典は具体的な神の言葉によってあるべき君主の行動を指示するわけではなく、むしろ歴史や礼楽を書き記した経典の中から、いにしえの聖王にならう道を自分で見つけ万民のお手本になるような生き方・行動をするのが君主であり、それを助けるのが臣下とりわけ学問と道徳を身につけた「士」の道だった。結果として現実の君主や国家の正当性は、歴史を通じて判断されることになり、また後世の人々のお手本になるような歴史を編むことも君主の仕事になる。そこでは、人の行動の正邪が明確に評価されていること、た

御定佩文韻府卷一之一
上平聲　　　　一東韻一
東德紅切春方也漢書少陽在—方—動也從日在木中會意也禮記大明生於又姓陶潛聖賢羣輔錄　舜友—不訾—韻藻南東詩——其畝李孝先詩余其歸老兮沂之——邵寶詩楚帆連日阻——自東詩我來｜｜又自西——在東詩蝃蝀——蘇軾詩我言歲——徂東詩自西——又駕言——

資料 1-1　『佩文韻府』（四庫全書本）

とえば前の王朝がどんな暴政・失政の結果「天命を失って」滅びたか、現政権はどのように「天命」を受けるに至ったかなどが必須の内容だった。人の思想や行動の正邪を判断する権利は、キリスト教会・教皇やイスラーム法学者でなく君主（とそれを助ける知識人）が握った。

この国家・社会は、古代オリエントや地中海世界、中世以降のヨーロッパなどの歴史をもとに形成され日本でも教え込まれてきた国家・社会の説明とは違ったしくみや特徴を、ほかにもいろいろもっていた。たとえばそこでは銅銭などの貨幣が早くから使われたが、それは「市場経済の発達」が唯一最大の理由とは言えない。むしろ出来上がった巨大専制国家にとって、自分が必要とする全国規模の徴税や官僚・貴族・軍人への給与支払い、そして建設・軍事などの公共業務（典型例として長城の建設・防衛）を、すべて自力で運営する、それも穀物・布などの現物と生身の人間の労役だけを動かすなどというやり方が、果たして現実的でありえただろうか。そんな無理をするよりも、もともと地域や共同体間の交換を媒介していた商人たちを巻き込んで物流や労働力のリクルートを分担させる方が賢明ではないのか。そのような国家的物流を円滑におこなうための為替やクーポンとして、貨幣は必要とされ普及した。

資料1―1は、清代の大規模編纂事業の一つとして知られる『佩文韻府《はいぶんいんぷ》』の最初の部分である。同書は漢字を一〇六の韻に分類してそれぞれの韻を持つ字と、その字が下に来る語句の出典を列挙した辞書である。「東」の韻はそのトップに来る。説明の「徳紅の切」は東の字の音が「徳の字の子音と紅の字の韻を組み合わせたものである」ことを示し、以下に意味の説明や代表的用例、そして「自東」「在東」「徂東」など東が下に来る（東の脚韻を踏む）語句の用例・出典を列挙する。この辞書は部首と画数でなく韻の分け方を知らないと引けない。しかし科挙の答案などにも必須の韻を踏み古典など

☞ワンポイント解説1−2

「漢字は表意文字だから中国語を話せなくても筆談ができる」と日本の国語教育では教えるが、これは本書が目ざす東アジア理解のレベルにはふさわしくない。漢字（朝鮮半島や日本列島以外にもあちこちで「訓読み」に相当する用法が発明されたが、元来の漢字は「音読み」しかしない）は一文字がかならず一音節（頭子音＋母音＋末子音＋声調のセット。頭子音を除いたものを「韻」と呼ぶ、頭子音・末子音は無い文字もある）を表し、それは原則として意味をもつ。つまり一文字が一単語である（学問的には「表語文字」と呼ぶ）。しかしその「単語」には多数の「擬声語・擬態語」を含む。女性や動物の名前には同じ二文字を繰りかえしたものがよく見られるが、それは「きれいな字」「かわいい音」などを繰りかえしたものである（女性への偏見にもとづく命名と言えばその通りだろう）。また科挙試験に合格するような知識人は、押韻・平仄《ひょうそく》（声調の種類分け）などの音韻面の技法を完璧に踏まえなおかつ中身のある「四六駢儷体」の政策文を書いたり詩を作らねばならなかった。

つまり「発音を知らなくても筆談ができる」などと言っていられるのは、日本に科挙試験が定着しなかったおかげである。近世に「小中華」の道を歩んだ朝鮮半島で訓読み路線が後退し、中国との外交に当たるインテリは漢詩を自慢した（韓流歴史ドラマにもよく出てくる）のに対し、日本では中国語の発音を学ばねばいけないという意見が多数になることはなく、漢詩・漢文も「読み下し」が主流であり続けた。いっぽうもともとの音韻や文法が中国語に近いベトナムでは、漢字の意味ももちろん無視はしないが、官僚や文人の評価においては作詩などの音韻面がきわめて重視される。漢字文化圏における日本の立ち位置の独自性は、こうした面からも見直すべきだろう。

☞ワンポイント解説１−３

世界史ではメソポタミアの太陰暦（イスラーム暦も）とエジプトの太陰暦、それにキリスト教ヨーロッパのユリウス暦とグレゴリオ暦などの暦法を習うが、中国暦やそれにもとづいた日本の「旧暦」については、「授時暦」「貞享《じょうきょう》暦」などの固有名詞は教えても、そもそもそれは太陰暦なのか太陽暦なのかについて教えない。昔の日本人は学校で教えなくても知っていたのかもしれないが、現代の若者は全く知らない。しかし留学生との付き合いなどで知らないと困ることもある。それなら教科書でもきちんと説明すべきだろう。

明治５年まで日本で使われたものを「陰暦」と呼ぶが、それはメソポタミアやイスラームのヒジュラ暦と同じ「太陰暦」だろうか。それなら一年は353日あまりになるはずだが、日本や中国でそうなっていただろうか。月の満ち欠けは太陽の角度や星座との位置関係よりずっとわかりやすいから、30日の月と29日の月が交互に来る太陰暦のシステムは、月を決めるにはたしかに便利である。ただしそれでは、毎年太陽が同じ位置に来たときに同じ作業をすべき農業にとって、不便ではないだろうか。だからイスラーム世界の農民の多くは、宗教行事などをイスラーム暦で行う一方で、それぞれの地域に存在する太陽暦を農業に用いてきた（イスラームの教理自体が、生活に必要な部分では土地の慣習にしたがうことを認めている）。それに対し、暦自体に太陰暦と太陽暦の両方を組み込んだのが、インド・中国やギリシアでそれぞれ発展した「太陰太陽暦」であった。そこでもふだんの月は29日か30日、1年は12ヶ月だが、それで太陽の位置のずれが大きくなると「うるう月」を挿入して1年を13ヶ月にする。もうひとつ中国暦では「夏至」「冬至」や「春分」「秋分」など太陽の動きにもとづく「24節季・72候」と呼ばれる日を定める。それが農業には有用なのだが、それぞれの日が太陰暦の何月何日に来るかは毎年違うので、毎年の暦にそれぞれ書き込まねばならない。中国ではこの暦が実際と大きくずれると君主の徳が失われた証拠とされるので（特に日食・月食などの計算が外れるとおおごとだった）、暦の計算法を改訂し続けることが、君主の大事な仕事だったのである。なお現在は中国・朝鮮半島やベトナムでも生活の大半を「西暦（中国語では公元）」でいとなむが、しかし旧正月や節句などの伝統行事を新暦（西暦）にしてしまうという日本的発想は、まだ一般的ではない。また日本のお盆や一部地域の七夕のように、新暦で日取りを決めるがそれが旧暦に近づくように「月遅れ」（たとえば旧暦7月15日の盂蘭盆《うらぼん》会を新暦8月15日に持ってくる）にするというのも、日本だけのやり方であろう。

の典拠を踏まえた詩文を作るにはきわめて便利である。東アジアの知識人は、これに代表される「韻書」も使いながら、漢字とその表現力・伝達能力をわがものにしようと格闘しつづけたのである。

二、国際関係と「周辺」地域

課題1―2―1　「朝貢」「冊封」とはそれぞれどんなことか、整理して理解しよう。

中華帝国はもちろん軍事力や経済力によって成立したものである。しかし中国の君主や王朝・政権の正当性は、「戦争が一番強いこと」「もっとも豊かであること」を直接の基盤にはしない。代わりに強調されるのは、儒教的な「礼」や「徳」、漢字などさまざまな要素のセットとしての中華（華夏《かか》）の文明である。このセットをもたない（受け入れない）人々や国が「蛮夷」であり（インド・西アジアなど独自の文明世界は「胡」としてそこから区別され一目置かれるが）、そうした外部の国家や国内少数民族を含む諸民族との関係は、対等なものではありえない。それらが中華の「徳を慕って」自地域の産物を献上する（朝貢《ちょうこう》）、その中でも特に誠意が認められる君主には、国内の官僚や封建諸侯に準じた肩書きを与えて名目上で中国の官僚制や貴族制に組み入れる（冊封）などの国際関係の建前が、漢代以降に形成される（あくまで建前、擬制である）。朝貢し冊封を受けた国は「藩属国」などと呼ばれるが、それを近代的な属国と混同してはいけない。かたちだけ頭を下げて朝貢すれば、多額の「回賜《かいし》」や貿易許可が得られ、周辺国が得をすることも少なくない。ただし周辺国の朝貢がすべて貿易目的だというのは誤解で、中国を後ろ盾にしたりその文化・宗教や制度を導入することで、国内のライバルや周辺国に対する地位を有利にしようというような政治的理由も大きかった。

　他方中国はといえば、その巨大な版図と多様な人々を官僚制や法制だけで統制できるというのは空想的だった。だから儒教イデオロギーとそれにもとづく礼楽《れいがく》なども必要になったのだが、蛮夷ですら感化されて朝貢してくる中華（皇帝）の徳に、いわんや中華の民が従うのが当然、という理屈もなかなかに有効だったと考えられる。両者の力関係によって中国が朝貢国に過大な要求を突きつけたり内政干渉することもあったが、逆に「宗主国」が負うべき、より強力な敵の侵略から藩属国を保護する義務を回避することもあった。冊封国は朝貢国の中でも強い支配を受けるべきものだったが、システムがもっとも整った明代前期などでも、それを怠ると出兵・懲罰の対象になるような藩属国の義務は、①定期的朝貢やそれ以外の臨時的朝貢（例えば中国宮廷の慶事や凶事などの機会）、②中国との外交において中国の年号や暦を使用し、形式にのっとった文書を提出すること（建前上は自国内でも使うべきだが、それをチェックするルールはない）、③自国の支配者の代替わりごとに届け出て承認（新支配者の冊封）を得ることに限られた。

　中国周辺の農耕社会では、中国の文明や制度の影響下に、いわばその二次的な中心として国家を形成する動きが紀元後第一千年紀に進むが、それを一方的な「上からの」中国の影響、中国文化の恩恵で進んだ過程と見なす（そこでは朝貢国は近代的な属国に近いニュアンスでとらえられがちである）のも、逆にすべて自立した周辺「民族」が貿易や先進文化導入の目的で主体的に外交関係を結んだと見るのも、どちらも極端である。後者の見方は中国的な要素をすべて「いいとこどり」「自分に合わせた改変」の対象と見なすが、実はその側面だけすべて強調するのも、朝貢国イコール近代的属国という思い込みの裏返しである場合が少なくない。事実は中間にある。中国の帝国や文明のしくみは、周辺の人々が自力で作り出せないものをたくさん提供した。周辺諸国の「主体性」はしばしば、それとの格闘とその中での自己表現の努力（中国モデルの「抵抗・利用・複製」（三谷・李・桃木二〇二〇））を通じて形成された。その支配者や貴族のアイデンティティは、中国文明へのコンプレックスや中国に認められたいという渇望と、それに反発する「国粋主義」との間を揺れ動いた。

東南アジアの場合も紀元前千年紀末あたりから金属器時代が始まり、紀元前後から初期国家も形成される。四～五世紀にはより本格的な国家形成も進む。ただそこで向き合った「文明の中心」は、中国よりむしろインドで、バラモン教ないしヒンドゥー教と大乗仏教（現在の姿から上座部仏教と勘違いする人が多いが、それは紀元後第二千年紀に広まったものである）、サンスクリット語やパーリ語などが多くの地域の文明化と国家建設の核になった。ただし南北朝時代の南朝の勢力拡大の努力なども背景に、中国との関係（貿易だけではない仏教その他の交流。そしてインドシナ半島への政治的・軍事的圧力など）も決して軽視はできない。それは日本の「一国史観」が中華世界との関係を「すべて日本の主体的な動き」と理解しがちなのとは対照的に、かつてはインド・中国からの一方的な影響（インド化や中国化）と見られたが、現在は両地域とも、周辺の主体性と中心の影響の相互作用やバランスが研究されている。

一方、中華世界と遊牧民やオアシス商業民を中心とする西方・北方世界との関係が、「華夷思想」や「朝貢・冊封体制」にふさわしいものでなかったことは言うまでもない。中華帝国の農民兵が、精強な遊牧軍団に正面から対抗するのはほぼ無理だった。長城などで侵入を防ぐ、貿易の利益や「歳幣」などの名の貢ぎ物、公主「降嫁《こうか》」という名の「女性の献上」（その女性がすべて無力な犠牲者だったという意味ではないことに注意せよ）などで懐柔し、相手の分裂を誘うなどが精一杯だった。「武力をいやしむ」儒教の教えも、遊牧民への劣勢を加速したとも言えるし、むしろ武力で対抗しようのない遊牧民と自分を切り離しアイデンティティを守る戦略だったとも見られる。

ただし遊牧民やその国家にとって、中国は単純な侵略・征服や略奪の対象ではなかったし、中国側にとっても遊牧民はひたすら排除すべき敵ではなかった。「農牧境界地帯」をはさむ両者の関係は、もっと抜き差しならないものだった（妹尾二〇一八）。また、しばしば遊牧国家を支えたオアシスの商業ネットワークにとって中国という巨大市場が魅力に満ちていたことは言うまでもない。鮮卑《せんぴ》系などが支配した北朝〜隋唐帝国、そして北方系・西方系の支配者をいただいた元朝・清朝などで中華帝国は、遊牧民、オアシス商業ネットワークなどにも利用しうる「公共財」として建設され機能していたのではないか。そこでは「漢人」も、単なる「被征服者」ではない「協力者」だったはずである。それを拒否して漢族だけで運営しようとした宋・明などは、唐・清のような「大きな中国」に及ばない「小さな中国」しか作れなかった。唐帝国の軍事的栄光を支えたのは府兵制で編成された農民兵よりは、テュルク系・チベット系などの遊牧軍団だった（その役割は、宋代に華夷思想にもとづいて創られた「羈縻《きび》支配」という説明によって矮小化された（西田二〇二二））。

このように農牧境界地帯を中心として大帝国が興亡したユーラシア中枢部と、その影響下で遅れて中小の国家を形成した周縁部を比較したグローバルヒストリーの著作として、ビルマ史家リーバーマン（Lieberman 2003, 2009）のそれを紹介しておこう。農業と交易、行政と軍事、気候変動と伝染病など多くの変数の相互作用の中での政治＝文化統合の進展と解体のサイクルを描いたユニークな著作である。東南アジア大陸部の長期変動を基準に八〇〇〜一八三〇年のユーラシア諸地域を比較したリーバーマンは、ユーラシア全体を遊牧民の恒常的な影響を受けるexposed zone（中国・南アジア・西アジアも含む）と、モンゴル時代など一時期を除いて遊牧民の影響を受けなかったprotected zone（東南アジア大陸部、日本、西欧。東欧などにその例をもとめる）に区分した。exposed zone において遊牧民の影響下で早期に文明が形成され、また効率的な統治を行う多民族帝国が発達したのに対し、protected zone では前者より遅く八〇〇～一四〇〇年ごろに、後世から「くにのかたち」の原型と見なされる「憲章国家」群が成立した。ここでいう「憲章 charter」は、イングランドの The Charter（大憲章＝マグナ・カルタ）になぞらえた表現である。これらの憲章国家のいくつかは、一四世紀、一六世紀、一八世紀の三回におよぶ、気候変動などをもっとも基本的な原因とする危機によって解体したが、そのたびにより統合度を強めて再生し、最終的に中規模だが統合度の高い国家と、近代的な国民（ネーション）意識の土台になるような「政治化されたエスニシティ」を形成した。一方 protected zone 諸帝国も、一四、一六、一八世紀の解体とその後のより強固な再統合という点ではリズムを同じくしたが、それは基本的に多民族帝国であり、国民国家形成に向かうものではなかった。なおリーバーマンがロシアを含む東ヨーロッパを protected zone に位置づけ、それに対する遊牧民の影響を表面的・部分的とする点は論争になるだろう。また、東南アジア島嶼部は一五世紀まで protected zone に位置したが、その後「白い内陸アジア人」すなわちヨーロッパ人の影響で exposed zone に変化させられてしまったと見なす。

遊牧民の影響を受ける地域と受けない地域というこの区分から、読者は梅棹《うめさお》忠夫の『文明の生態史観』（梅棹一九九八［初出一九六六］）を思い出すかもしれない。ただ決定的に違うのは、梅棹（の背後にあったとされる冷戦期のアメリカ式「近代化論」）が、西欧や日本の封建制から資本主義への発展を正常な人類史の歩みと見なす一方で、遊牧民の圧力のもとで形成される専制帝国を共産主義（という専制体制）の歴史的前提となる不正常な存在と見なしているのに対し、リーバーマンは西欧の国民国家が近代をリードしたことを否定はしないが、より長期的な視野で多民族帝国を国民国家に劣るものとするような価値判断は避けており、効率的・他文化的な帝国形成に対する遊牧民の貢献を認めている点では、日本で二〇世紀末から流行した中央ユーラシア史とも共通点がある。ただし議論の出発点は東南アジア大陸部を基準にユーラシアを語るところにあり、その点でユーラシアの覇権に関わらない protected zone の中小国群を無視する傾向の強い中央ユーラシア史とは一線を画する。

なお、上述した遊牧民と漢族との関係は、東アジアのナショナリズムという現代的なテーマにも実はかかわりそうである。近代ナショナリズムの母体になるネーションは、大西洋をまたぐ近代化の過程で出現した「想像の共同体」であるという説が、今日広く知られている（アンダーソン二〇〇七）。「想像の共同体」までは言わないがネーションを近代資本主義世界の産物だと見なす理論は、第二次世界大戦前後にスターリンによって唱えられている。ところがこれに対して、ネーションを「民族」という漢語に置き換えたうえで、「わが民族は古代から存在する」という反論が、中朝日越などのマルクス主義学者によってそれぞれ試みられている。そこにはネーション（近代国家の主権を握るべき国民）とエスニシティ（「少数民族」などという場合のように、独特の言語や文化をもつ集団）との概念的混同という問題だけでなく、東アジアには宗教や階級などの差にとらわれずに、人々と「どこの国の人（民）」かを基準に区別する発想が古くからかなり根付いているという事実が思い出されるべきだろう。近代的なネーション意識は、普遍性の名の下に自分たちを支配する宗教や帝国から自分たちを切り離すベクトルによって作り出されたと見るのが「想像の共同体論」なのだが、そういう「より強い者から自分を切り離して守る」仲間意識が、中国周辺でその文明的圧迫を強く感じた日本・朝鮮半島（古代のマンチュリアも）やベトナムなどの諸国家で――せめて他の周辺諸国を押さえてナンバー2ないし小中華帝国になろうという指向と背中合わせだが――強まるのは、わかりやすい理屈ではなかろうか。ではそこに中国の諸思想は影響やヒントを与えていないだろうか。

中国の皇帝や士大夫は「全世界を支配すべき存在」という天下観だけをもちつづけただろうか（「天下」の語は中国の実効支配領域だけを指す方がふつうの用法だった）。宋代以降に発達した大義名分論などの例を持ち出すまでもなく、中華帝国は遊牧民との共有財でありうる事実を熟知する漢族側には、そこから自分を切り離そうという指向が生じても不思議はない。かくして中華文明は、「より強い者から自分を切り離して守る」ロジックも蓄積し、それを周辺に伝える。しかも君主や国家を正当化するのは特定の宗教よりは歴史である。第六章で狭義の東アジア諸国に現代まで続く「歴史の長さを誇るナショナリズム」にふれるが、その背景にこうした中華世界の歴史観を見るのは、暴論ではないだろう。

三、近世への序曲

課題1-3-1　一三～一四世紀の世界情勢をその後の「世界の一体化」の過程と比較しながら、モンゴル帝国と二〇世紀の覇権国家としてのアメリカ合衆国の共通点を述べよ。

課題1-3-2　明朝の海禁・朝貢などの国際システムは、東部ユーラシアの近世／近代史にどんな影響を残しただろうか。

東アジアや東部ユーラシアにおいて、ヨーロッパ式の古代→中世→近代といった時代区分はうまく適用できない。最初期の文明や帝国に「古代」を冠するのは問題ないとしても、「中世」が時代幅としても社会構造としても定義しにくいのだ。だがそれは、この地域が古代のままで停滞していたことなど意味しない点は、言うまでもない。

たとえば中国でいう唐代後半から宋代にかけての「唐宋変革論」は、日本の中国史学界では前近代中国を二分する基本構造の変化として早くから重視され、世界の中国史研究にも影響を与えてきた。貴族制から科挙官僚制に支えられた皇帝専制へ、農業生産力と商業経済の発展、人口・経済面での黄河中流域から長江（揚子江）下流域への移動などの構造変化は、一方的に周辺に影響するというよりはさまざまな相互作用の渦中にあったと、今日ではとらえられている。それは大きくは九〇〇〜一二〇〇年ごろを中心とする「中世温暖期」に向かう気候変動に後押しされた動きであり、国際的には中華の多元化（契丹《きったん》・女真《じょしん》などを筆頭とする多くの政権が中華の座を争う）や、ユーラシアの周縁部（例：琉球や北方を含めた日本列島、西北欧、島嶼部東南アジア東部、アフリカ中央部・東南部などでそれぞれの新しい主役が現れる）まで含めた広範囲の貿易・交流ネットワークのゆるやかな結びつきの発展などにつながった。

そうしたネットワークの広がりの初期に特別に大きな役割を果たしたのは西アジア・北アフリカを中心とするムスリムの活動であり、海上のそれは唐代後半以降には東南アジアから南シナ海まで及んでいた。唐末や宋代には、中国商人も対抗して東・南シナ海やインド洋まで進出したと見られる。もっともこうした中国の実態の変化は、第一巻で見たようなその国制を根本的に別のものに変えたわけではない。漢代にその古典的なしくみ（「上古」「周代」などの観念上の仕組みも含む）が成立し、その後の北方民族の参入や南朝の実験などをふまえて隋唐代に大きく再編された中国の帝国としての仕組みやイデロギーは、その後の変化も累積的に折り重ねつつ、最後まで中国という枠組みを維持し続ける。そのことも軽視すべきではないと感じられる。

西暦第二千年紀初頭の各地域の経済成長と交易・交流ネットワークの拡大は、一三世紀のユーラシアに、モンゴル帝国という人類史上最大の帝国を出現させた。それ自体をユーラシアの経済成長・交流拡大の産物ととらえるか、それともモンゴル帝国自身によるユーラシア各地域を結びつける能動性を重視するかについては論争がある。また大征服の背景を「中世温暖期」ユーラシアの経済成長に求めるのでなく、内陸部の乾燥化ないし寒冷化などむしろ気象条件の悪化に求める見解も説得力がある。いずれにしてもモンゴル帝国下、特に元朝(一二六〇〜一三八八)を建てたクビライ期以降に、中央ユーラシア・西アジアはもちろんインド洋や地中海などユーラシアの大半を巻き込む広域の交易・交流が大いに活発化したことは間違いない。一六世紀以降の「新大陸」を含む「世界の一体化」ほどではないにしても、モンゴル時代に「グローバル化」の起点を見ることは行きすぎではないだろう。クビライが建設した大都(カンバルク、現北京)や、南宋の旧都臨安(キンザイ、現杭州)、福建《ふっけん》省の港市泉州(ザイトゥン)などの繁栄ぶりは、マルコ・ポーロと言われる著者の『東方見聞録』と通称される書物の記述などでよく知られているところだろう。

一九九〇年代からのモンゴル帝国研究をリードした杉山正明は(似た論法はアッバース朝などのイスラーム世界研究者によってアッバース朝以降の時期について用いられたことがあるが)、モンゴル帝国から近代が始まったという論法を好み、また明清、ティムール、オスマン、ムガル、さらにはロシアなどの近世帝国群を「モンゴル後継国家」と見なした(杉山正明二〇一〇ほか多数)。その根拠を理解する(ただし手放しの賞賛でなく、近代の暗黒面と同様の暗黒面をモンゴルが有したことも視野に入れる)ために、節の冒頭にかかげたアメリカ合衆国(特に二〇世紀以降の)との比較の課題が有効と思われる。

政治面で、モンゴルのカーンもアメリカの大統領も強力な権限をもつが、モンゴルは王侯の「ウルス（原義は人の集団としての国。「汗国」などもこれ）」や貴族の所領、軍団、さまざまな在地集団などの複雑なパッチワークであり、米国もそれぞれ独自の法や軍隊をもつ州など多様な地域・人々を含む連邦である。そしてモンゴルのカーンは世襲制ではあるが、クリルタイという有力者の合議で選出されねばならない。米国大統領は国民の投票で選ばれるといっても直接選挙ではない。選ぶのは大統領選挙人という地域有力者に由来する人々である（ここには市民の武装の権利を否定できない点などと同様に、米国は本当に近代国家——暴力の国家による独占の建前をもつはず——と言えるのかという問題がからむ）。

モンゴルとアメリカがそれぞれ、その時代で世界最強の軍事力をもつことは言うまでもない。ではそれは敵対する国や勢力を皆殺しにしたり、征服して植民地にすることに用いられただろうか。そういう例はあるが、どちらかというと両国とも相手を服属させ協力させること、自国本位のシステムを押しつけることなどに力点が置かれていないだろうか。モンゴルは服属国に王みずからの出頭、本国への目付役（ダルガチ）の設置、戸籍の提出や貢納、そして軍事協力などを要求する原則をもっていた。米国も近代ヨーロッパ型の植民地支配には積極的でないが、世界中に「同盟国」（対等とは限らない）をもち、有事にはその協力のもとに（国連を通せない場合の「有志連合」もあった）戦争をするという傾向をもっていないだろうか。

次に両国とも、世界最先進の経済や商業の仕組みをもっている。モンゴルの征服の後ろからはウイグル（当時は主に仏教徒）、ムスリムなどの商人がやってくることが多かった。商人の共同出資システムや王侯などが商人に資金を委託して利益を受け取る「オルトク」のほか、元朝では主要港市に「市舶司《しはくし》」を置いて外来商人による貿易をそこを通じて行うものに限定し、来航する商人から関税を徴収する唐代以来のシステム（指天の命を受けた大蒙古国の皇帝が、書簡を日本国王に送る（中略）**私の先祖たちは天の明らかな命令を受けて天下をわがものにした**（中略）高麗はわが東方の属国である。日本は高麗に隣接しており、建国以来ときどき中国とも関係をもっていた。私の代になって一人の使者もやってきて友好を結ぼうとしないのは、おそらく王の国が私の国のことをよく知らないからだろう。そこでこちらから特に使者を派遣して、**私の［友好の］志**を知らせるのだ。願わくは今後は互いに行き来して友好を結び、互いに睦まじくしようではないか。［孔子など儒教の］聖人たちは四海（全世界の意味）を自分の家のように思うものだ。たがいに行き来しないというのは、［世界はみな家族だという聖人の］道理に合うだろうか。まして戦争をするなどは、だれが好むことだろうか。王はこの道理をよく考えてほしい。不宣（**友人への挨拶語**）。（＊［］（）は引用者の補足と説明を示す）

資料1-2　クビライが1265年に日本に送った「蒙古国牒状」

定商品の現物徴収がふつうであった）も利用した。いっぽうアメリカがイラクなどで戦争をすると、その後ろから石油企業などが進出したというのは有名な話である。米国企業や米国系多国籍企業の活動の自由を保障するために、米国は平和な外交交渉だけをしてきたのではない（軍産複合体などの語をご存じの読者もあるだろう）。また両国とも、国内外の商業・貿易を重視し（モンゴルでは銀、米国はドルを世界に広げた）、それと軍事目的の両方の目的で、交通・通信網の整備やそのための技術開発に力を入れた。モンゴルの宿駅「ジャムチ」や海運、米国の大陸横断鉄道や自動車・飛行機など、「受験世界史の必須暗記事項」も少なくない。

課題1-3-3　「資料1-2のクビライの書簡は日本を上から目線で脅している」という見方にあなたはどの程度賛成か、根拠を挙げて論ぜよ。

米国が「人種のるつぼ」ないしは「サラダボウル」で

あることに劣らず、モンゴルも多民族・多文化・他宗教の帝国だった。白人内部限定にせよ、米国のモットーは「寛容」である。モンゴルでも、服属し帝国に協力している限りは、集団のまとまりやその文化は否定されなかった。米国にいまだに激しい黒人差別があり、モンゴルにも根脚（出自と服属過程）による差別があったとはいえ、多くの面で競争は万人に開かれており、二〇世紀以降の米国でアフリカ系やヒスパニック・アジア系が多くの地位を獲得したように、モンゴルで「色目人」や「漢人」「南人」が才能と功績・人脈によってのし上がり、場合によってはモンゴル人の身分を得るようなことも可能だった。軍事や経済運営から情報・通信や文化・芸能まで、専門家・技術者への優遇も共通である。そこから、中国式の白磁に西アジア式にコバルト顔料で絵を描く青花《せいか》（染め付け）磁器の作成など、新しい技術や芸術もつぎつぎ生まれた。

問題はむしろ、必要な意思疎通を保証し多民族・多文化をバラバラにさせない仕組み、それに厳しい競争社会の敗者が不満を蓄積して社会不安を招かないようにするしかけなどにあるだろう。プラグマティズムを土台に、世界をリードする最先進国家の一員であるというプライドと諸外国にない豊かな暮らしを与え続けること（ただそれには拡大のための戦争がやめられないというジレンマもともなう）、大衆文化と教育の発展・普及などはその有力な手段だった。モンゴル人がそうした空気の中で、漢人統治に便利な朱子学を科挙の標準としたり、夫の死後に婚家にとどまって再嫁しない「節婦《せっぷ》」の表彰をするなど、明清中国の朱子学による支配の土台を造ったのも、ときにはモンゴル人自身が儒教も含めた中国文化を広く学ぶのも、特別なことではなかった（それは、文化的に劣ったモンゴル人が「漢化」されたなどという話ではない）。

アメリカの大衆文化のパワーは言うまでもないが、モンゴルでの驚くべき木版印刷の発展も近年の学界で注目されている（西遊記・三国志演義・水滸伝《すいこでん》という日本でもおなじみの大衆文芸は元朝期に成立・普及した。朱子学の受験マニュアルもそこで普及できた）。またアメリカは、移民や留学生を短期間でアメリカ社会に適応させる仕組みを筆頭としてあらゆる面で「マニュアル主義」が発達していることで有名だが、モンゴルの木版印刷も、通訳や暦・医学などの技術や日常生活の指南など膨大なマニュアル書を含んでいた。日本人に多い「外国人も言語や生活習慣などすべてを同化させないと（統一しないと）社会が乱れる」などという発想とは対極の、「ムダな軋轢を招くことはせずに、要所だけ押さえればよい」という考えが、こういう大国を成り立たせている。

しかし歴史のすべてを美化するのは学問ではない。日本を含む東アジア諸国の多くがモンゴルに抵抗したのは、単なる保守性や国際感覚の欠如だけが原因ではない。特にリーバーマンが注目したprotected zoneの中規模な農業国家においては、それぞれの国家の統合の基盤となる「憲章」が形成されつつあった（そこで武人が政治の主導権を握ることも多かった）。たとえば下の資料をご覧いただこう。

資料1‐3は一〇七六年に来侵した宋軍と対峙している大越側の軍士たちがある夜聞いた、張叫《ちょうきょう》・張喝《ちょうかつ》の兄弟の神祠《しんし》から発する吟声とされるもので、それを記録した『越甸《えつでん》幽霊集』は、一三世紀末の対モンゴル抵抗戦争に勝利した際に朝廷から祀られた神々の由来を集めて一三二〇年代に編まれた書物である。この「天書」は、中華世界の再統一に北でも南でも失敗した宋の真宗時代（在位九九七‐一〇二二）に、かれの権威向上のために創作されたものを、一一世紀の大越朝廷もよく理解し逆用したものと見られるが

> 南国の山河には南の皇帝がいる。〈北国と〉はっきり分かれているということは天書にあるのだ。それなのにどうして逆虜がやってきてこれを侵犯するのか。お前たちは行ってその失敗の跡を見るがよい。

資料1-3　李済川《りさいせん》『越甸幽霊集』「却敵威敵二大王伝」

（ファム・レ・フイ二〇二二）、ここでは対モンゴル戦争の前後に、『大越史記』（現存せず）のような史書や神霊の伝説が集中的に創作・収集された事実にも注意をうながしておきたい。その中に、神々の助けも受けてモンゴルに勝利した大越は、北国（一般には中国、ここではモンゴルも含む）とは別の「南の帝国」なのであり、それが北国と別の国であるべきことは「天書」に定められている、という「憲章」が表明されている。こうしたイデオロギーをもつ国の支配者や知識人に、モンゴル的な「グローバル化」の押しつけは、いくら実利が約束されても耐えがたいものだったのではないか。

しかも実力主義の競争社会は決して、利益だけをもたらしはしない。一九二九年に世界恐慌の震源地となり、二一世紀には地球温暖化の深刻化を後押ししているアメリカ（COVID-19の中国から世界への急速な広がりの背景にも、アメリカが主導してきた国際航空網の急拡大があった）と同様に、モンゴルもそれ自身が世界の危機をつくりだすことがあったのだ。近年の気候変動や感染症などの研究の進展により、「一四世紀の危機」が少なくとも北半球全体をおおったことが認められている。そのもっとも大きな背景は「中世温暖期」が終わって「小氷期」が始まったことだが、天候不順で農耕や牧畜が打撃を受けるのは、近代以前には日常茶飯事だった（この時期には、気温が多少低下しても問題ない東南アジア大陸部などでも、夏季の雨をもたらすインド洋からの南西モンスーンが弱まって旱魃《かんばつ》にさらされ、危機がおこった）。一四世紀に危機をあそこまで広げたのは、中央アジアないし東南アジア発とされる黒死病の大規模なパンデミック化が証明するとおり、モンゴルによる交通網の整備と人の移動の増加の影響に違いない。各地のモンゴル諸政権の連鎖反応的倒壊も、交通の発達と人の移動の拡大が社会不安の波及を助けたものと理解できる。

ユーラシア全域をおおった危機は、ともあれ収束する。政権の内紛や「紅巾《こうきん》の乱」など各地の反抗で追い詰められた元朝は一三六八年にモンゴル高原に撤退し（クビライ系のカーン位は一三八八年に断絶）、かわって紅巾軍の中で頭角を現した朱元璋《しゅげんしょう》（洪武《こうぶ》帝。位一三六八－九八）が明朝（一三六八－一六四四）を建てた。明は史上初めて、江南を基盤に「中国」の南北を統一した王朝として知られる。当初は南京に都したこともその表れだろう。ただその一方で、初期の明朝は中国側に居残ったモンゴル系軍事力を頼りにしていたし、「民戸」と区別される「軍戸」の設置などモンゴル的な仕組みを多々受け継いでいた。また内乱で帝位を奪った三代永楽帝（位一四〇二－二四）が自分の正当性を示すため北京に遷都し遊牧世界や海域を含むモンゴル的な皇帝権力を志向したように、「モンゴル後継国家」の性格をたしかにもっていた。が、それだけにチンギスやクビライの血を引くわけでもない明朝は、モンゴル＝元朝とはちがった国制やイデオロギーをも必要とした。当時の情勢も、それを求めた。

建国時に朱元璋をイデオロギーや精読構築の面で支えたのは、「浙東《せっとう》」の儒者たちであったとされる。儒教イデオロギーは皇帝専制のしくみのあらたな強化を可能にしたが、対外関係では孤立主義と諸外国の「朝貢」を求める大国主義の両方のベクトルをもっていた。現実の海賊の横行や「交易目的の偽使」の出現もあり、建国当初の市舶司による貿易独占・関税徴収は放棄されて、住民の「下海通蕃《かかいつうばん》の禁（海禁）」と、対外関係・外国貿易の朝貢を通じたものへの一本化をセットにした「海禁＝朝貢体制」が導入された。また一四世紀の危機でずたずたになった農業経済は、「里甲《りこう》制」など国家の強い管理下での現物主義にもとづくリハビリを必要とした。こうしてあらゆる面で「硬い」明初のシステムが成立した。永楽帝はこのシステムをモンゴル的な方向で利用し、東南アジアからインド洋西部海域までおよぶ鄭和《ていわ》の遠征や、洪武帝が「不征の国」とした日本の朝貢・冊封を実現するなどの偉業を成し遂げたが、その没後の財政赤字やモンゴル勢力の反撃は、明朝の対外姿勢を消極化させた。もっとも中国の社会・経済の復興は進み、一五世紀後半以降には再びモンゴル時代に劣らぬ商業・交易活動を支えうる状況になっていた。

周辺では朝貢・冊封の枠組みを利用して、朝鮮王朝や東シナ海の琉球（土着王権に明朝、福建の地方官や商人、さらに博多商人などが協力して創り上げた「貿易商社」であった）、南シナ海のマラッカ・アユタヤ（これらも土着王権と中国商人やインド洋のムスリム商人の合作）が、明と周辺諸国を結ぶ中継貿易を大規模に展開した。その貿易の核は、周辺諸国の産物を集荷してまとめて明に朝貢し、帰途にはその返礼（回賜）品など中国の商品を持ち帰って諸国に分配する活動にあったと考えられる。琉球とアユタヤ、日本の室町幕府と朝鮮王朝の間（西日本の大名や博多商人は「朝鮮への朝貢」のかたちもとる）でも、しばしば琉球王国の外交文書集『歴《れき》代宝案《だいほうあん》』に見られるのと同様な漢文の書簡を交換しながら、明の冊封国同士の対等な立場での貿易が行われた。

なお歴史総合など高校新科目の学習指導要領は、琉球・沖縄やアイヌ・北方社会の歴史を「日本」の歴史に必ず組み込むことを要求しており、一般向けの歴史書でもそれらを扱う良書が少なくない。今日では、本土でいう中世以降に両地域とも活発な交易が展開していたことは、周知の事実だろう。中世〜近世前期の本土の人々が「日本」の境界を南は薩摩の喜界《きかい》島（鬼界ヶ島）、北は「津軽十三湊《とさみなと》」までと考えていた、つまり琉球や蝦夷《えぞ》が島（北海道）は「日本」の外にあったことも知っておきたい。

その琉球では、平安後期〜鎌倉期に相当する時期に日本列島や中国大陸との交易が活発化し、政治・軍事としての「グスク（城）」が各地に築かれ地方権力が抗争する「グスク時代」を迎えた。その基盤の上に、一四世紀に中山《ちゅうざん》・山北《さんぽく》・山南《さんなん》などの王権が成立して明にさかんに朝貢、一五世紀には中山の尚《しょう》氏がこれらを統一して「琉球国中山王」として明の冊封を受けた。首里を拠点に八重山《やえやま》群島や奄美《あまみ》諸島まで支配した琉球王国は、一種の帝国構造をもっていたと言える。

他方、北海道・東北北部でもやはり平安・鎌倉後期に当たる時期に、擦文《さつもん》土器や、本州交易および北回りの大陸との交易で入手したと見られる鉄器などを使用し雑穀農耕を行う「擦文文化」が展開した。防御を考えた環濠集落や高地性集落の出現が、やはり軍事抗争と政治権力の出現をうかがわせる。それらを基盤に一四世紀以降には、アイヌ文化が形成される。しかしそれは琉球とは対照的な性格ももっていた。琉球がもともともっていた太平洋の島々と共通するイモ類などの農耕文化を維持し、そこに中国東南部や日本本土と共通の要素も受け入れてゆくのに対し、アイヌ社会は鉄だけでなくコメの供給を本州に仰ぎ、擦文時代の初歩的な農耕文化を捨てたとされる。和人に従属する近世の歴史を知っているわれわれからすれば、それは愚かな選択にも見えるが、しかし一四〜一七世紀の交易条件はそれだけアイヌ側に有利だったのだろう。これはおそらく、コメの供給をジャワ島などに仰ぎつつスパイスの輸出で発展できた近世前期（大航海時代）までのマルク（モルッカ）諸島などと似た状況だったと想像される。

そのマルク諸島（広い意味の）では、北部にあったクローブの産地テルナテ島などでイスラーム国家が形成されたのに対し、南部でナツメグの産地として知られたバンダ諸島では王権が成立せず、有力者の寡頭《かとう》政治が続いたとされる。このコントラストと同様の対比が、琉球と「蝦夷が島」ないし「蝦夷地」の間にも見られる。琉球が独自国家を形成・発展させたのに対し、アイヌは一五世紀のコシャマインや一七世紀のシャクシャインなど強力なリーダーを擁することがあっても、独自の国家を形成はしなかった。それは東南アジアの例から見ても「後進性」ではなく「選択」ないし「社会の類型の違い」である（農耕をしないと国家ができないという偏見は、マルク諸島など少なからぬ東南アジア港市国家の例から簡単に否定できる)。

代わりに成立したのが、「日本」と「蝦夷」との境界に立地し、両者の関係を媒介する「境界権力」であった。その早期の例が「前九年・後三年」の役の安部氏や清原氏であり、平泉の藤原氏であった。かれらは朝廷から見れば辺境の領主に過ぎないが、その背後には朝廷が直接把握できない、今日の樺太(サハリン)・極東ロシア(沿海州)や千島列島まで延びる広大な交易ネットワークが存在した。鎌倉・室町期にこの役割を引きついだのが津軽半島の港市十三湊を本拠にした安東(安藤)氏であり、その下から出て戦国期に道南を押さえた蠣崎《かきざき》(松前)氏であった。博多や対馬で仕立てられ、日本の大名や琉球国の名をかたる交易目的の偽使がしばしば訪れた一五世紀の朝鮮には、「夷千島王《えぞがちしま》」を名乗る使者も訪れている。これは安東氏の名をかたる偽使と見なされている。戦国末に訪れたカトリック宣教使が言及する「エゾの王」は蠣崎(松前)氏のことらしい。

そうした境界権力は、国家をもたないがそこでスパイスや香木など世界貿易の主力商品が産出される山岳・島嶼などが各地に存在した東南アジアにも、珍しくなかった。国際交易の世界とスマトラ島やマレー半島の内陸地帯をつなぐシュリーヴィジャヤ、マラッカなどの港市国家群は、多かれ少なかれそういう境界権力の性格を帯びていた。これらを踏まえて、単なる日本の辺境どころか「日本からはみ出す」大きな部分をもつ琉球や北方の歴史をどう認め学ぶかは、新しい「日本史」の試金石とも言えるだろう。

第二章

近世前期の東アジアと一六世紀のグローバル化

章の問い――「長期の一六世紀」に東アジアの社会と国際秩序はどう変化しただろうか。

一、問い直される「近代化」と「近代性（モダニティ）」

課題2―1―1　「近代社会」はつまるところ、「前近代」と比べて何がどう変わったのだろう。その変化は西洋に特有のものだったのだろうか。絶対的で元に戻せない変化だったろうか。

課題2―1―2　戦後の論壇で、マルクス主義理論などと並んで「プロ倫」（＊）を含むウェーバーの理論・方法についての熱い議論がかわされたのはなぜだろう。またその結果一般に広がったプロテスタント（自ら政教分離を実現した？）がリードする近代世界という像は、今でも妥当だろうか。

法学・政治学や経済学などの社会科学は一般的に、ダーウィンの進化論と並行する「社会進化論」のさまざまな影響のもと

即ち、プロテスタントは（特に後に論及する一定の教派が著しいのであるが）、支配者の地位にある時にも、被支配者の地位にある時にも、また多数者の地位にある時にも、少数者の地位にある時にも、別して経済上の合理主義を愛好する傾向を有してをり、これに反してカトリック教徒は、前者の地位にある時にも、後者の地位にある時にも、常にかかる傾向を嘗《か》つて見なかったし、今日でも見を得ないということである。これによってみれば、右のやうな生活態度の上の相違の原因は、概してそれぞれの信仰の恒久的・内面的特質の中に求められるべきものであって、その一時的・外面的な歴史上政治上の環境に求められるべきではないのである。（＊ルビは引用者による。訳文中の注番号は省略した）

資料2-1
マックス・ウェーバー『プロテスタンティズムの倫理と資本主義の精神』（＊略称：『プロ倫』）

で、狭義の近代（ヨーロッパないし西洋世界内部でのみ成立したもの）と近代以前の差異を絶対的と見なす視角を維持してきた。それぞれの社会の近代化のあり方を規定する「伝統」のあり方に注目することがあるにせよ、狭義の近代に実現した「近代性（モダニティ）」を前近代にない絶対的な価値と考え、それに比べれば前近代社会の意味とかその内部の差異などは本質的な問題ではないとする。また前近代から近代への移行は不可逆の過程と見なされる。抽象的には自然法思想と天賦《てんぷ》人権論や社会契約説を基盤とする近代的国家と法体系、市民社会と資本主義市場経済、やや具体的には近代的な外交システムを背景として成り立つ主権国家ないし国民国家群、そこでの立憲制、それを運営する代表制（間接）民主主義や議会政治・政党政治、三権分立などのメカニズム、経済と暮らしの工業化・商品化などが近代性の主な内容として中学校でも教えられてきた。現在ではそれに、近代的なジェンダー構造と核家族（近代家族）などを付け加えることも必要だろう。

それらのモデルは一般に、英米を典型としつつ仏独等の事例を適宜織り交ぜるというかたちで、またキリスト教の他宗教に対する、プロテスタントのカトリックや正教に対する優越を前提にしながら組み立てられてきた。これに対し人文学・歴史学は近代以前の各時代にもそれぞれの意味を見出す傾向をもつが、そちらの側ですら社会進化論と無縁ではありえず、とりわけ工業化や市民革命などによる「近代化」を絶対的な変化・断絶と見なしてきたことは否めない。戦後の日本にとっては、あの無謀な戦争をおこした明治以来の近代化とは違った、悪しき伝統との断絶と「正しい近代」の学び直しが切実な課題だった。戦争の根本原因を資本主義に求めれば社会主義理論に進むことになるが、そうでない人々にとって、ウェーバーはもっとも体系的にそのとらえ方を示していた。また社会科学と人文学の両者は、第二次世界大戦後の世界の仕組みや「資本主義を超える社会主義革命」の実現などに始まる新しい段階としての「現代史」という発想ももっていたが、そこでも「前近代とは違った近代化された世界」は永遠に続くと考えるのが普通だった。

もちろん近代の負の側面は、一八世紀末に出現した初期の社会主義思想、一九世紀の「世紀末」意識などさまざまな形で早くから批判されている。人間社会の「アトム化」、人種差別と植民地支配、戦争と核兵器、環境破壊の問題などは二〇世紀半ばまでに十分な危機感を呼び起こしていたが、当時はまだ、それらを「近代化の遅れ・ゆがみ」ととらえる余地があった。アジア太平洋戦争の敗戦から二〇年あまりにわたって日本の歴史学界を主導した「戦後歴史学」のように、戦後日本や新興独立諸国でも、そこでの理想がイギリス型・アメリカ型であれソ連型であれ、欧米式の近代化とモダニティを追求する基本姿勢は共有されていた。

しかし二〇世紀末以降には①地球温暖化や環境破壊が一刻の猶予も許さない段階に達し、②ナショナリズムと「国民国家」や「近代家族」モデルを中心とするジェンダー構造など様々な領域での、少数派や権力を持たない人々への抑圧・排除の構図に注目が集まり、③政治史・文化史の世界では、西欧式の「近代（民主主義国家）国家」「自由と人権」などですら無前提にプラスの価値ととらえることができなくなった。かつては民主主義など近代的な体制と発想のもとでしか十全な発展はありえないとされた科学技術が、権威主義国家や政権のもとでどんどん発展し、COVID-19の封じ込めにも社会管理技術だけでない力を発揮する。

それらを単純な前近代への逆戻り（退化）や前近代の再現と嘆くのでなければ、冷戦終結後か、あるいは先進国でいろいろな問題と新しい思想が噴出した一九六八年、「脱植民地化」の流れがインドシナで最終勝利した一九七五年などから、「後期近代」ないし「第二の近代」「ポスト近代」など、狭義の近代（第一の近代）とは違った新しい段階が始まっているという考え方が必要になるだろう。そこでは、これまたヨーロッパ近代とルネサンス、明治維新と王政復古などの関係で最初から注目されていた近代化と復古の入り組んだ関係にも、新しいやり方で注目することが必要になるのではないか。

これらの状況を反映して最近では、「近代」とその前の時代、つまり「前近代」や「中世」「近世」との間に単純な断絶を見ずに、「近代化」をモンゴル時代・大航海時代などからの段階的な変化の結果ととらえ、より長いタイムスパン（長期変動）の中に位置づけようとする、空間的にもヨーロッパ内部だけでないグローバルな変動に着目する、つまり近代を「ヨーロッパだけで成立した」「歴史のゴール」とは見ないし、ヨーロッパ型近代化とモダニティを必ずしも「普遍」「善」とは考えないという空間・時間両面での大きな変化が一般化している。「ルネサンスと宗教改革から」「ウエストファリア体制から」「産業革命と市民革命から」だけでない、複線的な変動を見なければならない。これらを総合するかたちで、ヨーロッパ以外を含む「近世（初期近代）」の歴史がグローバルヒストリーから各国・地域の歴史まであらゆる地域で注目を集めている。そこで非ヨーロッパ世界について重視されるのは、世界の一体化の一方で「多様な近現代史」が実現する、その前提になった歴史の展開である。

そうした中で、近代の植民地支配や非欧米世界の近代一般への問い直しも進んでいる。一方で従属理論や近代世界システム論による構造化された低開発状態の解明で「独立しても発展できないのはその国・民族が無能だからだ」という見方が覆った一方、明らかに後発の利を活かした開発政治による経済発展も、東・東南アジアの「開発独裁」政権に限らず、世界に広がっている。植民地の被支配者や「第三世界」の人々は、ナショナリストやマルクス主義者が言うように欧米の支配力に一方的に苦しみ貧困化したわけではなく（また抵抗だけしていたわけでもなく）、支配者の力や制度をときに利用しながら一定の近代化を遂げた面もあること、支配側も自分の力だけで社会経済や文化を発展させたのでなくそこには植民地からの影響や反作用があったこと、それらは欧米側・植民地側のどちらの思い通りでもないがトータルでは欧米側中心の不平等な相互依存関係であり、しかもそれは旧植民地と宗主国の両方を前者の独立後も縛り続けているといった複雑な状況が、広く認識されるようになった。

同様に先進国で近代化が進まない部分（例：日本の高度な経済発展に比べた政治的な遅れないし、経済と政治の不均等発展）について、かつては「封建遺制」「アジア的後進性」など過去の残存で説明されたが、現在ではやはり、それぞれの段階の世界の構図の中で進んだ国家や地域の具体的な近代化のあり方が、そうした「新しい遅れや不均等」をもたらすという理解の方が一般化している。ところが社会史的な民衆運動の研究などでは逆に、「覚醒した民衆が理性的な運動で社会を変革する」啓蒙思想以来の夢が人々を無条件には引きつけなくなった結果、土俗的・伝統的な運動のあり方がむしろ掘り起こされるようになった。近世・近代史を学ぶには、このあたりの入り組んだ関係をよく理解することが肝腎だろう。

二、「長い一六世紀」の「大航海時代」

課題2-2-1　一六世紀のヨーロッパ社会は、すでに他地域の対抗を許さない十分な近代化をとげていただろうか。その行動とそれに対する現地側の反応や変化は、アメリカ大陸とアジアなどどこでも同じだったろうか。

課題2-2-2　ヨーロッパ人の活動やそれがもたらしたモノのうち、何が東アジアの国家や社会の構造を大きく変えただろうか。

アジアや全世界の「近世」の開始をいつと見なすかは、モンゴル時代そのもの、その最後に全ユーラシアを襲った「一四世紀の危機」が克服された後、ヨーロッパ人が「新大陸」やアジアに活動範囲を広げた「長い一六世紀」（昔はヨーロッパから見た「地理上の発見」を日本でもそのまま使い、現在は「大航海時代」と言い換えているが、それにも批判がある）などいろいろな説がある。

たとえば日本の中国史・日本史学界では、第二次大戦後のマルクス主義の影響下で、唐宋変革でなく「明末清初」、武士の領主制でなく太閤検地を、中国や日本で封建制が確立した時期（＝小農民が自立的な土地所有を実現した時期）と見なす学説が主張されたことがあるが、現在ではその土台となっていた所有と生産様式の議論（封建制論）は下火となっている。代わりに、「中近世移行期」についての論争史をもつ日本史だけでなく、中国史でもそれ以降の時期（とりわけ「宋元明変革」ののちの一六〜一八世紀）を世界の近世と連動した新しい段階と見なし近世と呼ぶ岸本美緒などの考え方（岸本一九九八ほか）が一般化している。またそれは日本銀やメキシコ銀の奔流や西洋式火器による「軍事革命」などグローバルな要因を重視する。が、ヨーロッパ人の到来や鉄砲伝来ではじめて近世化の動きが始まったとは考えず、先行するアジア側の動きにも、それがヨーロッパ人を「呼び込んだ」面を含めて注意を払う。

マルクス主義的な「戦後歴史学」や中国の毛沢東史観の影響下にあった中国史研究は、一九七八年に文化大革命が終了し間もなく改革開放政策が導入されたことで劇的に変わった。東南アジアの資本主義側諸国（ASEAN原加盟国）では学際的研究やフィールドワークを重視するアメリカ式の地域研究が導入され、日本でも一九七〇〜八〇年代に斬新な成果を挙げていた。八〇年代以降の韓国・台湾の民主化、ベトナムのドイモイ（刷新）政策なども、それぞれの研究環境を激変させた。中国史では清末・民国史の見直しなどとならんで、一九八〇〜九〇年代の明清時代史の展開はめざましく、従来の土地所有と地主制の研究から脱皮し開発と親族集団や信仰などにも手を伸ばした地域社会論、これも地主国家論から脱却した専制国家論、あるいは商業・貿易や貨幣の研究など、フィールドワークや地方史料・外国史料の開拓も活かしたユニークな研究成果が続出した。

こうした明清時代史研究が新しい日本対外関係史（『倭寇的世界』の理解を刷新した村井章介（村井二〇一二ほか）などが先導した）や、「日本の辺境」ではなくなった琉球史、アンソニー・リードや日本の石井米雄らが発展させた東南アジア海域史、さらに川勝平太・濱下武志らの提唱で注目された「アジア間貿易論」（浜下・川勝（編）一九九一）その他の諸分野と切り結んだ結果、一五世紀中国社会経済の復興、モンゴル式グローバル化を中華帝国と朝貢システムのもとで再現しようとした鄭和艦隊の遠征（一四〇五―三三年）などの動きも、従来と違う鮮明な像をあたえられた。

ポルトガルによる一五一一年のマラッカ占領やマガリャンイス（マジェラン）艦隊が一五一九―二二年に行った世界周航などに始まるヨーロッパ人の東アジア進出は、停滞した世界への敵対を許さない進出でなく、むしろ多くのプレイヤーが活躍し繁栄に向かっていた当時のアジア経済とアジア海上交易の世界に、新たなプレイヤーの一人として新規参入したものと理解される。またその動因は、ユーラシアの辺境部に住むヨーロッパ人が十字軍とモンゴル時代のイタリア東方貿易などを通じてかき立てられていた、インドないし東洋への関心・あこがれ・欲望であった。マラッカ占領直後の情報にもとづく次ページの有名な史料をご覧いただこう。

マラカ（マラッカ）で取引していた人々とかれらが出てきた地方　カイロ、メッカ、アデンのイスラム教徒… ペルシア人、ルーム人（地中海・東欧のキリスト教徒）、トルコ人… アルメニア人のキリスト教徒、グザラテ（インドのグジャラート）人… セイラン（セイロン）、ベンガラ（ベンガル）、（以下、東南アジア各地の人々を列挙する間に）シナの人々、レケオ（琉球）人… マラカの港ではしばしば84の言語がそれぞれ［話されるのが］見られるということである…

マラカの偉大さの理由　マラカは商品のために作られた都市で、［その点については］世界中のどの都市よりもすぐれている。そして一つの季節風の吹き終わるところであり、また別の季節風が吹きはじめる所である。マラカは［世界に］取り囲まれてその中央に位置し、1000レグワもへだたった2つの国の間の取引と商業とは両側からマラカにやって来なければ成立しない…マラカの支配者となる者はヴェネザ（ヴェネツィア）の喉に手をかけることになるのである…

（［］は翻訳者、（）と…は引用者による）

資料2-2　マラッカの繁栄を伝えるポルトガル人トメ・ピレスの『東方諸国記』

経済的には豊かでないが戦闘能力の高い辺境の人々が、文明・経済の中心地域に力で進出しようとする構図は、中央ユーラシアの遊牧民が農耕地帯に侵攻する構図とパラレルとも言える。実際、第一章で紹介したリーバーマンは、東南アジアに進出し島嶼部でしだいに支配を広げた近世のヨーロッパ人を「白い内陸アジア人」と呼んでいる。なお一五世紀以降のユーラシアではそうした海域の動きと対照的に、「陸のシルクロード」のグローバルな役割が失われていったことにも注意する必要がある。もちろんモンゴル系など北方民族に対する軍事的劣勢が続いた明朝が北方民族を「羈縻」するために行った国境貿易など、地域的な貿易は継続しときに発展するが、ロシア帝国による「北回りのグローバル化」が本格化する以前には、古代以来続いた中央ユーラシア経由の遠隔地交易の意義は、相対的に小さくなっていたとしか考えられない。モンゴル時代までであれば学問的に許されない「中央ユーラシアを軽視した東アジア史」が、かなりの妥当性をもつ時代が来てしまったのである。

停滞した世界に近代化途上のヨーロッパ人が進出し新大陸などを発見する「地理上の発見」という時代のラベルは、とうに教科書から追放されている。代わりに使われた「大航海時代」もやはりヨーロッパ中心史観を引きずっているのでアジア中心の「大交易時代」と呼ぼうなどという動きが、日本の学界・教育界にも見られる。ただこの巻では、ヨーロッパ人により文字通り世界を一周する経済的な結びつきが実現したことなども重視し、なおかつ「ヨーロッパ中心史観の裏返しの行きすぎたアジア中心史観」と戒める立場から、あえてカッコ付きの「大航海時代」を用いる。ともあれそこに、香辛料や金・真珠の独占、キリスト教布教などの目的をもってヨーロッパ人が進出したのだが、その目的はどこまで実現しただろうか。またそれによって東南アジアや狭義の東アジア社会の何がどう変わっただろうか。

イスパニア（スペイン）は一五六〇年代に支配したフィリピンをまるごと植民地化しようとしたといっても、最初の二〇〇年間に実際の地方社会を支配したのは修道会や有力者であって、総督は港市マニラを点として支配するだけに等しい状況が続いた。ポルトガル王国や、一六世紀末にネーデルラント（オランダ）の旗の下に東南アジアに現れた人々（近代的な国民としてのポルトガル人やオランダ人ではない、いろいろな出身と文化・アイデンティティをもつ人々）は、各地に武装商館を設立した。インド洋世界・東南アジア島嶼部で産出・輸出されるコショウやクローブ・ナツメグ・シナモンなどの香辛料の西方への輸出を、一六世紀前半のポルトガルは一時的に独占したが、間もなくオスマン帝国に連なるイスラーム諸勢力が互いに競合しながら勢力を伸ばし、人間や船の数が圧倒的に少ないポルトガルは、通交許可証を販売する（それをもたない船を見つけたら攻撃する）という政策に転じた。資料2–2のトメ・ピレスの記述のように、地域間の経済関係としてはヨーロッパが東南アジアを支配したのでなく東南アジアが「ヴェネツィアの喉元に手をかけた」のであり、しかもそこを握ったポルトガルの貿易支配は長続きしなかった。

一方、実際の香辛料の最大の市場だった中国や、銀の産地として注目された日本列島などとの貿易については、たしかにヨーロッパ人が得た利潤も大きかったが、強大な現地の権力や中国・日本の商人たちを押さえて貿易を独占することなどは思いもよらなかった。インドのゴアやメキシコの「副王」が指揮するポルトガルやイスパニアの近代的とはいえない活動――両者とも真珠の独占はかなり成功したが（山田二〇二二）、イエズス会などキリスト教の布教活動は副王の統制に服していたわけでもない――はもちろん、最初の近代的多国籍企業の一つであったオランダの連合東インド会社（VOC）のバタヴィア（ジャカルタ）を拠点とする活動にしても、先行するポルトガルや後発のイギリス東インド会社などに対しては圧倒的優位に立っていたものの、イスラーム系や東アジアの諸勢力を抑えることは容易な業ではなかった。

VOCが西方向け香辛料をようやく独占した一七世紀後半には、後述する「一七世紀の危機」の中で香辛料は暴落し、その後も続いた主要商品の独占政策は、密貿易の蔓延やその取り締まりを含めた管理コストの上昇などで、十分な利益を上げなくなっていく。

関連して、ポルトガル式の火縄銃などはもちろん、一七世紀ヨーロッパ史を変えたオランダ式の用兵、それに医術や地図作成などの科学技術が、少なくとも当時のヨーロッパ人の数や補給網のもとでは、アジアを圧倒するものでなかったことも、あらためて確認しておきたい。その際、一六三〇年代になおガリレオの地動説を弾圧するような段階にヨーロッパ社会があったことは、思い出されてよいだろう。アジア側はといえば、火縄銃や大砲の技術をすみやかに吸収したのは日本だけでなく、明やオスマンの火砲技術になじんでいた中国・東南アジア諸国も同じであった（秀吉の侵攻を受けた後には朝鮮も強力な火砲部隊を作る）。東アジアの王権に仕えた宣教使以外にも、異教徒との結婚や土着化を生き残りの手段として奨励したポルトガル人が東南アジア各地で傭兵となり銃砲部隊で活躍するなど、東南・東アジアの諸権力は——イスラーム勢力や中国系・日本人などいろいろ起用する伝統の延長上で——ヨーロッパの軍事・科学技術の力を利用することができたのである。もちろんイスパニアのフィリピン総督やマニラ司教が一五七〇～八〇年代に提出した中国出兵論など、中国や日本の征服が実際に議論されていた。日本征服論の場合は、キリスト教徒を支援して日本を征服したのち、その武力を中国征服に利用しようという発想もあったという。

後述する秀吉の朝鮮・明から台湾・ルソンまでを含む大征服構想は、明の国際秩序への挑戦であると同時に、世界分割（デマルカシオン）を遂行しようとするイベリア半島勢力に対する反撃の意味もあったとされる。それはもちろん成功しなかったが、ヨーロッパ諸国は日本の統一政権の強大な武力を認識し、日本征服論（新教諸国もアジアでの植民地支配を考えていなかったわけではない）は後退した。

ではキリスト教はどうだったろうか。しばしば知識人目線で語られるように東アジアの人々はそれとの深刻な思想的対決を余儀なくされ、それゆえに権力者はキリスト教禁圧に向かったのだろうか。しかし中国は唐代や元代にもキリスト教と接している。全方位外交を試みた家康は、一六〇九年に日本に漂着した前フィリピン臨時総督のロドリゴを引見した際に、日本には宗教の宗派が三五あると聞いて「三六あっても問題ないではないか」と述べたとされるように、カトリックを新手の仏教の一派と見なすような理解も珍しくはなかったろう。秀吉や家康以降のキリスト教禁圧は、キリスト教（カトリック）そのものが思想的に脅威であったというより、布教と一体化した植民地政策を警戒したと見ることは十分可能であろう。日本が神国だという観念がむしろ後付けで持ち出されたように見えるし、寺檀制などを通じて村落社会におよぶ宗教統制は、宗教そのものというよりは幕藩制という国内支配を強め外国の侵略にも対抗しうる体制を確立させるために機能したのであろう。

これらと比べて、アメリカ大陸から西回り（メキシコのアカプルコとマニラを結ぶ「ガレオン貿易」）と東回り（ポルトガルやオランダを介する）の両方でアジアにもたらされた銀とアメリカ原産の農産物は、たしかに巨大な影響を与えたように思われる。銀が外部に還流しないことから「銀の墓場」と呼ばれた中国は、日本とメキシコからそれぞれ毎年数十トンの単位で流入する銀によって、国家財政や地域間・遠隔地間決済を銀に依存する国家・経済体制を作り――それを中国の外国銀への従属と見るか逆に中国主導の銀の周流と見るかは意見が分かれるが――中国をめぐる銀の動きが世界経済を大きく動かす構図は一九世紀まで存続する。

アメリカ大陸原産の農産物（ジャガイモ、トウモロコシ、カボチャやキャッサバ、トウガラシ、タバコその他）と旧大陸の作物（小麦）や牛などの大型家畜、そして旧大陸の天然痘とアメリカ大陸の梅毒など、大西洋をまたぐ双方向の物産や病気の伝播を「コロンブスの交換」と呼ぶことは、親しみやすいモノの例を用いた世界史教育などでも定番になっているが、ヨーロッパ人が東南・東アジアにも、ヨーロッパ原産の物産だけでなくアメリカの物産や病気も持ち込んだことはいうまでもない。

じゃがたら（ジャヤカルタつまり現在のジャカルタ）から伝わったじゃがたら芋、カンボジアから伝わったかぼちゃ（中国商人がもたらしたので「南京」とも呼ぶ）などの名前の由来は、戦前からよく知られていた。サツマイモがアメリカ大陸原産だという説には異論があると聞くが、それが近世の中国や琉球・日本で砂地で育つ救荒作物として普及したことも小中学校で紹介される。また清朝後期の中国の人口増がトウモロコシの山間での大生産などによって支えられたというエピソードも、最近は高校でよく教わる。タバコはキンマ（檳榔《びんろう》ヤシの実を石灰と混ぜてコショウ科のキンマの葉で包み噛む）に代わって東南アジアの社交用の嗜好品として普及しただけでなく、東アジアにも短期間に普及した。梅毒もあっという間に日本列島まで伝わり、戦国大名を含む感染者を出したとされる。最後に、トウガラシのないキムチ（一七世紀までは別の調味料を使っていた）や四川料理、ベトナムやタイの料理を想像してみよう。タバスコのないイタリア料理やサンバルソースのないマレー・インドネシアの食もそうだが、もしトウガラシが伝わっていなかったら、これらの国・地域の「伝統食」ないし「エスニック料理」はおよそ違ったものになっていただろう。

三、海禁体制の解体と辺境からの挑戦

課題2-3-1　織豊政権と似た構造・役割をもった東アジアの政権をいくつか探せ。
課題2-3-2　16世紀前後に日本列島から外に向かった輸出品や人の流れはアジア史をどう変えたか整理せよ。

中国では一六世紀に入ると、洪武帝（在位一三六八～九八年）などによって明初に築かれた、国家による強力な社会統制――それは朝鮮王朝や大越（ベトナム）黎《れい》朝が一五世紀に強力な政権を樹立する際のモデルにもなった――がゆるむ一方で、農村では商品作物の生産や手工業がさかんになり、それにともなって遠隔地商業や都市が発展した。とくに長江下流の江南デルタは、明代前半までにほぼ開拓しつくされた。水のコ

ントロールが不可能なため粗放な稲作しかできなかった湿地帯の輪中化《わじゅう》や湿田《しつでん》の乾田化《かんでん》、そこでの土地の十分な耕起や入念な除草、肥料の使用や新品種の導入、二毛作など穀物生産の集約化が進むとともに、農家の副業として桑・麻・綿花などの栽培と、綿糸・綿織物や生糸・絹織物など農産物加工業がひろがった。それらは米よりも利益が上がったので、農民はしだいにそちらを重視するようになり、税や商品として移出される米の生産中心地は、長江中流の湖広《ここう》（湖南・湖北）地域に移動した。

他の地方でもそれぞれに特産物を生産したが人口も全国的に増加したので、人口のわりに農業生産力の低いような地域では、商業に特化する動きがあらわれた。山西商人や安徽《あんき》省の徽州（新安）商人などが全国に商業網をひろげたほか、福建省の商人は海禁を冒して海上貿易をおこなうようになった。商工業者は、同郷や同業のまとまりを生かして大都市に会館などの活動拠点を設けた。

海上貿易も活発化し、一四世紀末〜一五世紀前半には海禁＝朝貢システムのもとで優遇された琉球やマラッカ、アユタヤなどの諸国が、明との朝貢貿易とそれを通じた物資の集散のハブとして繁栄した。江南の生糸や、モンゴル時代以来の青花（染め付け）、明代後期からさかんに生産された五彩（色絵《いろえ》、赤絵《あかえ》）に代表される陶磁器は、日本からイスラーム世界、ヨーロッパ人到来後にはヨーロッパとアメリカ大陸までさかんに輸出された。日本やヨーロッパには中国向けのめぼしい輸出品がなく、また日本やアメリカ大陸の銀生産地と中国では銀の価格に大きな差があったため、大量の銀が中国に流れ込み、米を収める租や労役などを合算して銀で一括納入する税制も普及したので、中国側でも銀輸入なしでは国家・社会が維持できなくなった。商品経済の発展や銀の流入によって、農村の社会も流動性や格差が拡大し、科挙合格者を出した地主など有力者の一族（郷紳《きょうしん》）が村落社会のリーダーシップを握ったが、そこで大規模生産が発達したわけではなく、

すべてのシナ人のいうことによると、ジャンポン島はレキオ（琉球）人の島々よりも大きく、国王はより強力で偉大である。それは商品にも産物にも恵まれていない。国王は異教徒で、シナの国王の臣下である。かれらがシナと取引をすることはまれであるが（後略）

資料 2-3　16 世紀初めのマラッカで聞かれた日本情報

副業も含めて家族経営をおこなう小農民が、生産面では主役でありつづけた（→三章も見よ）。

人々のくらしも大きく変化した。庶民の生活水準が向上し、衣服は麻から保温性のよい綿に変わった。茶を飲むこと、陶磁器の使用も一般化した。江南の都市を中心に木版印刷が普及し、モンゴル時代の流れを引きついで科挙の受験参考書（朱子学が基準になっていた）、農業・手工業の技術や天文学などの実用書が多数出版される一方で、『西遊記』『水滸伝』『三国志演義』など現代の東アジア諸国でも親しまれている大衆文学が広く読まれた。演劇などの大衆芸能も、村や町の祭りと結びつきながらさかんになった。イエズス会などキリスト教の宣教師が天文・暦学や地理学、数学、砲術などを伝えたことも、実用的な技術の普及を後押しした。思想界では科挙のために形式化した朱子学を批判して、個人の心情とそれによる行動を重んじる陽明学も唱えられた。

資料2-3は、上にも引いたトメ・ピレス『東方諸国記』の一節である。日本は一五世紀末から戦国時代に入り、大名など各地の勢力が激しく抗争していた。一五一〇年代にマラッカや中国を訪れたピレスが上のように書いてからそれほど長い時間がたたぬうちに、一五三〇年代に朝鮮経由で伝来した中国式精錬技術（灰吹法《はいふき》）によって石見《いわみ》銀山が開発され、日本はアジア最大の銀の生産・輸出国となった。生野《いくの》銀山、佐渡の金銀山など、各大名は競争で鉱山を開発した。一七世紀前半の最盛期には、日本列島で年間約一五〇～一八〇トンの銀が生産されたと見られ、これは当時の世界の銀生産量の三分の一を占めたらしい。初期のヨーロッパ人はマラッカを商人が頻繁に訪れたレケオス（琉球）の方に注目していたが、やがてその近くにある「銀の島」に注目することになった。

その銀の最大の需要は、中国にあった。他方日本では、一五世紀までの日本は中国・朝鮮半島などの綿布を大量に輸入していたが、兵士の衣服にも便利なので戦国時代に国産化が進んだ。戦国時代には、高級絹織物も堺や西陣などで生産できるようになったが、材料の生糸は質と価格の両方で江南からの輸入品に対抗で

☞ワンポイント解説２−１

火山列島である日本の中世以降の主要輸出品として、最近の海域アジア史研究で注目されているのは南西諸島や九州で産出された硫黄である（木炭・硝石と混合して黒色火薬を製造する）。平安後期に薩摩硫黄島の硫黄が博多経由で、金や西夏と戦うために火薬兵器や石油の実用化を図っていた宋に輸出されたのが最初で、室町期にも琉球や博多から中国・朝鮮に輸出されていたが、戦国期にはヨーロッパ式の銃砲の普及（火薬革命）により、日朝中などどの国でも需要が増え、島津氏や大友氏・相良氏など九州の大名も採掘・輸出に努めたことが、考古学調査も含めて明らかにされている（山内 2009 ほか）。またこれとは逆に、鉄砲の普及は日本の輸入を増やした。火薬材料の硝石は江戸時代に国内生産が一般化するが、戦国時代にはシャムなどから輸入していた。

また弾丸の材料の鉛は国内でも生産されたが、銀鉱石に鉛を混ぜて融点の差を利用して純度の高い銀を取り出す「灰吹法」には多量の鉛を費やした。使用後の鉛は不純物を吸着しており再利用ができないため、弾丸用の鉛は輸入を余儀なくされた（アメリカ大陸と同様の水銀による精錬法を用いた佐渡の鉱山の例もあり、中国などの水銀も輸入された）。各地に残っている弾丸や輸入港である堺で出土した加工用のインゴットの化学分析（鉛の安定同位体の比率を調べる方法）で、現在のタイ西部のソントー鉱山の鉛が大量に輸入されたことが突き止められている（平尾・飯沼・村井（編）2014）。戦国末の堺には茶の湯などの文化が花開くが、その財源には鉄砲・弾丸の生産やその原材料の貿易など、平和産業とはいえない部分も大きかったと推測されるのである。

きなかったので、鎖国後も一七世紀一杯は、長崎や対馬を通じた大規模な輸入が続いた。ところが足利義満以来の日明間の国家間貿易（日本史でいう「勘合貿易」）は、室町幕府の衰退によって、一五四九年を最後におこなわれなくなる。中国側の銀の需要、日本での生糸の需要など、両国とも貿易を必要としたにもかかわらず、海禁のしくみはこれを邪魔したので、密貿易が急速に広がり、沿岸部での海賊活動も激化した。

その活動の主役は、東シナ海と取り巻く各地域出身の人々（交流の活発化により、バイリンガルや混血もふつうになっていた）からなる混成の密貿易・海賊集団で、マカオに拠点を獲得するまで海禁に阻まれて中国との公式貿易ができなかったポルトガル人の一部もそこに参加した。いわゆる後期倭寇である。種子島に鉄砲を伝えた船の持ち主と考えられる王直《おうちょく》（五鳳《ごほう》）などの諸集団は、浙江《せっこう》の舟山《しゅうざん》群島など中国沿岸の島々と、平戸など九州沿岸の両方の根拠地を往復しながら活動を展開した。

倭寇の活動を含む日本銀の輸出によって日中貿易はアジア最大級の貿易となったので、密貿易（日本側大名も多く関与した）や豊臣秀吉の勘合再獲得のこころみ以外にも、海禁がしだいにゆるめられた一六世紀後半以降は、ヨーロッパ人（マカオのポルトガル人、マニラのスペイン人、台湾のオランダ人など）や東南アジアの中国人による中継貿易、日本から台湾・東南アジア各地におもむいた江戸時代初期の朱印船による、中国から来た船との出会い貿易などの形で、日中双方の強烈な貿易受容は満たされたのである。

時代を少し戻して、東アジア海域には一六世紀前半からポルトガル人が登場していたが、一五六〇年代にスペインがフィリピンを占領すると、マニラ経由で日本銀に劣らない量のアメリカ大陸産の銀が、中国などアジア諸国に流入した。それにより、アジア各地の銀経済化がますます進展した。明朝は、五六〇年代にかろうじて倭寇の猛攻をはね返す一方で海禁を緩和、福建省の漳州《しょうしゅう》で許可証を取った船に限り、中国商人の外国への渡航を認めた（最初は毎年の発給数が限られていたが、一七世紀にはほぼ青天井になる）。一方広東省では、朝貢でない通商（互市《ごし》）を黙認し、ポルトガル人のマカオへの居住も認めた。ただし倭寇の根拠地と見なされた日本はこうした禁令解除の例外とされた。しかしその後、北方でのモンゴル人の攻勢と沿岸部の倭寇（北虜南倭《ほくりょなんわ》）への対策などによる財政破綻、農村支配システムの機能不全や政権内部の派閥争いなどが重なり、明朝は混乱におちいった。一六世紀末の改革も一時的な効果しかあげなかった。

銀を牽引車とする貿易ブームは東アジア海域ないし東部ユーラシアで、海禁システムによる統制を突き崩し民間の貿易活動を容易にした一方で、その辺境部に位置する日本列島、東南アジアや中国の北方などでは、銀と銃砲の力による強大な軍事商業政権を生みだし、国際秩序を大きく変容させた。

たとえばビルマでは、一六世紀後半にタウングー朝が強大化し、海上貿易で大きな利益をあげる一方で、ポルトガル人砲兵隊なども用いて、シャム（アユタヤ朝）やラオスを一時占領するなど、内陸地帯を含むインドシナ半島中央部を席巻した。西南中国のタイ系などの少数民族勢力が明代にしばしば「反抗」していたこともあり、明朝もこのビルマの動きに神経をとがらせていた。仏・アナール学派のブローデルが描いた「地中海世界」にならって一五～一七世紀（商業の時代）の東南アジアの全体史を描こうとしたアンソニー・リード（最新のまとめはリード二〇二一）は、貿易の発展を背景とする都市化、コスモポリタンな文化と経典に基礎を置く（従来より理性化された）世界宗教の普及、軍事力と国家権力の強大化など、ヨーロッパと同方向の発展が見られた時代と見なした。

日本では畿内で、一六世紀前半から三好氏や松永氏によって新しい政治権力が模索されており、また東国では今川・武田・北条などの戦国大名が、各自の領国を一つの国家を見なしうるような集権的な支配体制を築こうとしていた。その中で一五六〇年代に織田信長（一五三四～八二）が現れ、京都を制圧して一五七三年には室町幕府を倒すいっぽう、中世日本の宗教界を支配していた比叡山や新しい宗教権力を志向した一向一揆とも激突して、非仏教的政権を志向した。堺などの商人の協力をえながら、領地との結びつきの弱い武将を実力主義によって登用し鉄砲や機動力を重視した信長の政権は、戦争のやり方を変えた。一五八二年に暗殺された信長のあとをついだ豊臣秀吉（一五三七～九八）は、全国をほぼ統一し、海賊行為の停止にもつとめた。かれが開始した兵農分離政策は、つぎの江戸幕府のもとで完成され、軍事力は武士の手に集中された。天下統一後の秀吉は、「武威」を政権のよりどころとして周辺諸国の支配を夢見た。明からの勘合再獲得の目的もあり、ついに一五九〇年代には二度にわたって朝鮮に侵攻し、援軍として送られた明軍とも戦った。しかしこれによって明との国交・貿易の復活は絶望となり（次の国交回復は明治時代に日清修好条規が結ばれたときである）、豊臣政権も行き詰まった。秀吉の死後、関ヶ原の戦い（一六〇〇年）に勝って政権を握った徳川家康は、一六〇三年に正式に江戸幕府を開き、一六一五年には豊臣家を滅ぼした。

家康が創始した朱印船の制度は、堺や京など日本各地の商人や渡来した外国人に幕府が一種のパスポートである朱印状を発給し（その写しは家康の外交顧問だった金地院崇伝《こんちいんすうでん》が住持した南禅寺に残されている）、戦国時代末期から商人や牢

☞ワンポイント解説 2-2

鎌倉時代に出現した親鸞、日蓮、道元などの新しい仏教思想は、当時は単なる少数の異端派で、武家政権と結合した禅宗（臨済宗）の勢力拡大などはあったものの、仏教界は比叡山を中心とする「顕密《けんみつ》仏教」に依然として支配されていた（神道は一般に仏教の一部とされ、独自の宗教として扱われていない）。しかし浄土真宗や日蓮宗は室町・戦国時代に真宗の蓮如《れんにょ》など有能な組織者が現れて独自の教団としての発展を遂げ、特に浄土真宗（一向宗）は多くの武士や農民を巻き込んで、独自の政権を作ろうとしたと考えられる。

渡航先	件数
①交趾（阮氏治下のコーチシナ＝中部ベトナム）	73
②暹羅（シャム＝アユタヤ）	55
③呂宋（ルソン＝マニラ）	54
④安南（黎朝＝鄭氏政権治下のトンキン＝北部ベトナム）	47
⑤柬甫寨（カンボジア）	44
⑥高砂（台湾）	36
⑦西洋（マカオまたはコーチシナ）	18
⑧太泥（マレー半島のパッタニー）	7
⑨占城（ベトナム中南部のチャンパー）	6
その他８地点計	13

資料 2-4　17 世紀初頭の朱印状の渡航先別発給数

人（優秀な傭兵になったと考えられる）、追放されたキリシタンなどが住む「日本町」があった東南アジア各地（一説には鎖国までに一〇万人が渡航した）や、まだ中国王朝の実効支配が及んでいない高砂《たかさご》（台湾）への渡航を認めたものである。

岩生成一《いわおせいいち》の著名な研究（岩生一九八五）によれば、一六〇三～三五年に総数三五三通が残されている朱印状の渡航先は一七地点あり、上位は上の資料のようになっていた。それらの渡航先では日本の銀や銅と中国の生糸・絹織物・陶磁器や薬種《やくしゅ》・砂糖などが取引されるだけでなく、日本商人は日本と東南アジアを結ぶ中国人・ヨーロッパ人などの活動と競合しながら、ありあまる銀・銅の力で東南アジアやインド洋の物産を買いあさった。ジャワやインドの更紗（絵柄をプリントした綿布）もその例だが、安土桃山期日本の主要な輸入品は、鹿革《しかがわ》（武将の陣羽織《じんばおり》や手袋、足袋《たび》など多くの用途があった）、鮫皮（エイの皮ともされる。刀の柄《つか》や鞘《さや》に巻いた）などで、他に琉球王国の時代から輸入していた蘇木《そぼく》（琉球王国の時代から輸入していた赤色染料の材料）、砂糖、それに茶道に用いるベトナム・シャムなどの陶磁器もさかんに輸入した。日本人が高値で鹿革を買いあさるため悲鳴をあげるオランダ人の記録などが、バブル期に似た日本人の行動を示しているように見える。なお中国で唐代から設置された市舶司の業務や「勘合貿易」など、東アジアでが貿易船が積んでいる商品の量や価格を正確に申告させたり検査する仕組みが発達していた。オランダ東インド会社の克明な業務報告などと合わせて、鎖国後の長崎貿易のように個々の船の積み荷の量や取引金額がかなりよくわかるケースが出てくる。

一方、明朝後期の中国北方では、海上から流入する大量の銀のうちの小さくない部分が長城などの防衛の資金として北方に送られ、それが辺境地帯の経済を活性化させていた。明側の軍司令官や周辺民族の首長が、公式の貿易

☞ワンポイント解説2-3

そうは言っても東アジア全体で見ると、近代のような正確な資料・統計はごく一部の時期や品目についてしか残っていないケースが大半である（時間の経過による資料の消失ともともとの密貿易という、2つの主原因がある）。代わりに貿易の発展・衰退などの証拠としてよく用いられるのが、ある地点に来航ないし渡航した船の隻数や来航・渡航の回数である。たとえば宋代や明代は中国の朝貢貿易の回数・頻度がかなりよく記録されており、その時期ごとの変遷といくつかの詳しい記載例から、全体の趨勢を推測するのである。朱印船貿易も同様である。ただし概説書などによく出てくる正史に記録された中国への朝貢回数の表（もとは戦前に作られたもの）は、唐代までしか使えない。宋代以降は正史より詳しい『会要』『実録』など戦後に利用可能になった資料の研究にもとづかないとダメなのだが、教育界に紹介されたものはまだ少ない。付言すれば、そうしたアジア側の資料の不足に対してヨーロッパ側には16世紀前後から比較的詳しい資料が残っていること、しかもヨーロッパでは域内の都市国家間や中小の主権国家間を含めてすべて「国際貿易」として扱われたのに対し、広大な中国の内部の流通は「貿易」と見なされなかったようなバイアスなどがからんで、アジア間貿易（アジア域内貿易）は過小評価され、「自給自足経済のまま停滞していた」といった偏見が増幅されてきた。この点には、教材作りなどの場でも注意が肝要である。

や密貿易で利益を上げて強大な権力を振るうことが可能だった。その中で、現在の中国東北地区のジュシェン（女真・女直）人のヌルハチが、毛皮や薬用人参の交易の富を蓄えてジュシェン人を統合し、公然と明の権威に挑戦した。息子のホンタイジの代には内モンゴルに進出して元朝直系の勢力を従え、チベット仏教を受容して民族名を文殊菩薩から取ったマンジュ（満洲）に改めるとともに、国名を清（大清）とした。なお民族名や地域名としての満洲を戦後日本では「満州」と書く習慣が広がったが、これは「文殊」の当て字（固有名詞の一部）で「泉州」「長州」などの地方名に付く普通名詞の「州」ではないので、「満州」の表記は間違いである（淡路島の洲本市を州本市と書いたら間違いだろう）。

ヌルハチは自分に従うジュシェン軍団を最初は四つ、後に八つに分け、それぞれの旗の色で区別したので八旗と呼ばれた。後に各軍団は満洲・蒙古・漢軍の各部隊を含むようになり、すべての住民がどれかの「旗」に属して兵役や納税などを負担したので、八旗は軍事組織であると同時に行政組織・社会組織の性格ももつようになった（遊牧民族によく見られるやりかた）。中国征服後は八旗のメンバーは農業など一般の職業につかず、軍人・官僚を出す特権階級となった。かれらの国家は、八旗制度にもとづく軍事体制を基盤とし、モンゴル遊牧民や漢人の砲兵部隊などの軍事力もそこに取り込んで強大化していった。一六四四年に大規模な農民反乱によって北京が占領され明が滅亡すると、清と対峙して長城を守っていた明の将軍が清に降伏した。清軍は長城を越えて北京に遷都し、農民軍や各地に残った明側の勢力をつぎつぎ平定した。これは、中国周辺でおこった辺境の軍事商業勢力による挑戦の、最大の成功例だった。これらについては、杉山清彦に多数のすぐれた研究・解説がある（杉山清彦二〇一五ほか）。

第三章

東アジアにおける小農社会の確立と「勤勉革命」

章の問い――一八世紀～一九世紀前半の東アジア諸国は、「国を閉ざして」「眠り込んでいた」というのは本当だろうか。実態を調べてみよう。

一、「一七世紀の危機」

課題3―1―1　一七世紀の世界各地域でどんな危機が起こっていたかを整理してみよう。そのなかで西ヨーロッパは例外的に発展を続けていたと言えるだろうか。

課題3―1―2　「鎖国後の日本は長崎だけで外国と貿易した」「アヘン戦争前の清朝は外国貿易を広東一港に制限していた」などの客観的事実には合わない理解は、誰の視点によるものか考えてみよう。

課題3―1―3　「鎖国」を幕府が決断していなかったら、日本がどんな危機にさらされる可能性があったか、政治・外交、経済・貿易など複数の角度から、またアジアとの関係や比較をきちんと視野に入れて考察せよ。

「大航海時代」ないし「長い一六世紀」は、世界中で交易が活発化し、ヨーロッパや東アジアだけでなく西アジア（オスマン帝国やサファヴィー朝）、南アジア（ムガル帝国）でも近世帝国が繁栄した時代だった。しかし史料が多く残るヨーロッパで一六二〇年代から景気が下り坂に向かったことがはっきりわかるのと同様に、一七世紀には世界各地で変調や混乱が記録された。ヨーロッパ史で使われ始めた「一七世紀の全般的危機」（一七世紀の危機）という表現が、現在では「一四世紀の危機」と同様、グローバルに用いられている（中島二〇一九)。そのもっとも大きな原因は、これも「一四世紀の危機」と同様、地球の寒冷化と考えられる。
この時期にはヨーロッパ各国で地動説や測量・地図作成などの技術の発達を背景に、黒点を含む太陽の観測と描画が盛んに行われていた。その分析で、一六四〇年代~一七一〇年代が太陽黒点がきわめて少ない、つまり太陽活動が弱い「マウンダー極小期」だったことが明らかにされたのである(ただし、最近の資料の精査により、一九九〇年代に地球温暖化防止の議論と並行しておこなわれた初期の研究は、当時の寒冷化を過大に見積もっていたことが明らかにされている)。また、その前の好景気の時期の人口増加や乱開発で気候変動や災害に弱い社会が作られていたこと、そして世界的な交通の発達と交流の活発化によって危機の連鎖反応が起こりやすくなっていたことなども、一四世紀と同様に危機を大きくした要因であると考えられる。都市化と城や町の建築ブーム、農地・鉱山の開発などで森林破壊(特にいわゆる里山の破壊)が進んだ日本列島やイングランドは、乱開発の代表例かもしれない。

これに対し一七世紀独特の要因もあった。それは貴金属と貨幣をめぐる激変である。世界経済を牽引した銀が主要生産地では資源の枯渇や採掘コストの上昇に苦しむ一方で、世界がつながったことで金・銀や銀・銅などの比価(交換レート)が平準化し、銀の需要が大きい(=銀高の)中国に銀を持って行きさえすれば利益が上がるといった状況は失われた。しかも世界がつながったことの負の側面として、各地で銀価の乱高下などが起こりやすくなった。同種の現象は、モンゴル帝国各地からヨーロッパまで貨幣単位の共通化が起こった結果として、一四世紀にもある程度見られたのだが、一六~一七世紀に銀が引き起こした変動は、過去に例のない広がりと深さをもっていたと考えられている。

多数の戦争が起こる一方で、「英仏中心史観」などによって日本の世界史教育では進歩と発展の時代のように描かれてきた一七世紀に、ヨーロッパは惨憺たる混乱を経験していた。科学などの進歩も、その原動力はしばしば戦争や植民地支配などの血なまぐさい要因だった。イギリスの二つの革命は、世界の学界では「イギリス内乱」と呼ぶのが普通と聞く。ドイツは三〇年戦争に引き裂かれた。その終結時に合意された「領土と国民を排他的に支配しお互いに対等な主権国家群」の原則は当分は紙の上だけのことで、実際に存立した「絶対主義」国家は、それぞれに自分を守ろうとする各地域の政治勢力や特定の「国籍」を基準に動かない宗教信徒、自分を高く買ってくれるところに売り込む個人などのパッチワークとしての「礫岩《れきがん》のような国家」であった（古谷・近藤（編）二〇一六）。

そうした国々の浮沈とヨーロッパ全体の不況の中で一人勝ちしたのが、世界システム論を唱えたウオーラーステインによって最初の覇権国家と見なされたネーデルラント（オランダ）であった。オランダが組織としての近代国家や意識面での国民国家を作ったかどうかは疑わしいが、信仰や経済活動が自由に出来る近代市民社会、それを支える市場経済という点では、当時の最先進であったことは間違いなさそうである。ハンザ諸都市を引きついだ商業網や造船・航海技術、イベリア半島その他から移住したユダヤ教徒をはじめとする多様な人材、そしてイギリス「農業革命」に先行する農業生産技術の革新や、歩兵と砲兵を組み合わせた新しい戦術など、多くの要因がオランダを繁栄させた。アジア各地に進出した巨大多国籍企業ＶＯＣ（連合東インド会社）は、その繁栄の象徴と言えるだろう。しかし一七世紀末以降、オランダはより近代的な国家体制を作った英仏の長期抗争に巻き込まれつつ、ゆるやかに衰退する。一七世紀に蓄積した膨大な資金は国内での投資先を失い、英仏、とくに戦費調達のために近代的な銀行・議会・税制・国債など「財政軍事国家」の諸制度を整えた英国に吸い取られていったとされる。

危機はアジアにも広がった。「ヨーロッパ最強」の国家でもあったオスマン帝国は、一七世紀末以降に緩慢な衰退過程に入る。ムガル帝国で領土拡大やヒンドゥー教徒の統制強化を進めようとしたアウラングゼーブ（在位一六五八―一七〇七年）は帝国の制度疲労を拡大し、その死後に帝国は分裂した。しかも各地方勢力が築こうとした強力な軍事政権（東アジアのそれに対比できるだけでなく、マイソール王国のようにヨーロッパ的財政軍事国家を目ざすものも現れた）は蘭仏の勢力とともに、イギリスに各個撃破されてゆく。こうした西・南アジアの危機の背景にも、これらの地域に夏季（＝農耕の季節）に雨を降らせるインド洋の南西モンスーンが弱まり旱魃が頻発するなど、気候変動の影響があったらしい。

東アジアでは明朝が李自成の乱などの巨大な農民反乱で一六四四年に倒れ、かわって山海関《さんかいかん》を越えて「入関」した清朝に対する抵抗が西南中国や台湾が平定される一六八〇年代まで続いた中国大陸で、明末に一億をはるかに越えていた人口が激減したと見なされる。朝鮮半島も、日本（秀吉）の侵攻の痛手がなお癒えない一七世紀前半に清の侵攻を受けた。その日本が「鎖国」に踏み出した寛永年間（一六二四―四四年）の後半は「寛永の飢饉」の時期であった。幕府が頭を悩ませたのは、キリスト教国の侵略やその支援を受けた西国の大名の反抗、またキリスト教国同士の争いに巻き込まれることなどの問題だけではなかった。その中で「復明」を目ざす諸勢力に何度も援軍を求められた幕府は、結局現代でいう「一国平和主義」を選ぶ。

一六四一年に完成する日本の「鎖国」体制が、貿易地と貿易相手を限定しただけでなにも国を閉ざしたわけではないことは、現在の高校教科書に一般的に書かれている。長崎だけで外国と貿易したというのがそもそも間違いで、他に薩摩藩支配下の琉球が行う中国との貿易、対馬の宗《そう》氏が「釜山倭館《わかん》」などで行う朝鮮貿易、そして松前氏が蝦夷地（松前氏には石高がないので、幕府の直轄化以前は「日本の領土とは言いにくい）で行う北方貿易と合わせて「四つの口」が開いていたと覚えないと、現在の大学入試は合格しないだろう。

また長崎で直轄貿易を行った幕府は、ポルトガルを締め出してもこれに代わって十分な規模の貿易を保証できるか、オランダに念押しをしている。だが、鎖国後の長崎での貿易や国際交流の相手は、オランダだけだったろうか。長崎貿易は金額に関する史料がかなり詳しく残っており、幕末までほぼ一貫して、対オランダ（VOC）貿易と「唐人貿易」の比率は一対二であった。

しかも「オランダ貿易」は「オランダ本国」との貿易ではない点にも注意が必要である。VOCの本社はオランダのハーグにあったが、実際の貿易（や必要な軍事行動）を行うのはバタヴィア（ジャカルタ）の総督府とその指揮下にあるアジア各地の商館（出島はそのひとつ）で、スパイスなどヨーロッパ向けに直送される部分の多い商品もあったが、日本貿易はアジア各地で仕入れた生糸や鹿革などの商品を日本に売り込み代わりに銀や銅を入手する、それをインドやペルシアを含む各地に運ぶ、という貿易サイクルの中であげた利潤を、他の商館での取引拡大の原資にしたりヨーロッパに送金するものだった。「伊万里焼《いまり》（有田焼・肥前焼とも呼ぶ）は違うだろう、ヨーロッパに運ばれているではないか」という声が聞こえてきそうだが、一七世紀半ばという伊万里焼の輸出にとっては初期の製品は、コーチシナ（ベトナム中部の阮氏）やバンテンなど、当時オランダと敵対していた地域で大量に発掘されている。またとっくに日本を締め出され、しかもオランダとは敵対しているスペインの支配下にあったラテンアメリカでも、伊万里焼など日本の美術品は愛好されている。コーチシナやバンテン、マニラなどに伊万里焼を運んだのは、台湾の鄭氏など「唐人」の勢力でしかありえない。

明清交替期の中国は大混乱しており日本の中国本土との貿易は停滞したが（逆に言うと秀吉の侵攻や日本

が朝貢をしないことなどを厳しくとがめる権力が存在しない)、倭寇勢力を引きつぎ最初はアモイ、後に台湾に拠った鄭成功や東南アジアの華僑が、利益の大きい日本貿易を争って展開した。大陸でも清の支配が安定すると、最初はその華南支配を請け負った「三藩」、その反乱や台湾鄭氏を平定した一六八〇年代以後は清朝の支配下で、華中・華南の商人が長崎に渡航した。その際清朝は、後述する日本の銅に対する大きな需要なども考えて「政経分離」に踏み切り、乍浦《さほ》(上海の近く)の商人などの長崎渡航を許可している(徳川幕府側はオランダや中国を勝手に「通商の国」として、国同士の貿易であるかのように見なしているが)。

満洲では八旗のハンとして、モンゴルではモンゴル帝国の後継者として、チベットや後の中央アジア(新疆)ではそれぞれチベット仏教とイスラームの保護者として、など多元的な支配体制を構築した清朝は、中国内地では朝貢システムを含む明の支配体制を引きついだが、そこでも明と比べると、要所をきびしく締める以外は柔軟な政策が普通だった。岩生成一(一九五三)が整理した長崎関係の『出島蘭館日誌』などのオランダ資料や「唐人風説書」を元にした書物『華夷変態』によれば、一六四七−一七〇〇年の間に長崎には二八五四艘の「唐船」が入港しており、うち中国本土(華中・華南各地)以外の台湾・東南アジア各地から出帆したものが八八四艘あった。その上位は、①台湾二三六、②広南(コーチシナ)一七九、③シャム一三〇、④カンボジア一〇八、⑤咬𠺕吧(スンダ・クラパ=ジャカルタ)、⑥トンキン六四、⑦パタニ四八艘などであった。

しかし銀生産の停滞と国外流出などが問題とされた一六七〇年代から、幕府は貿易制限に乗り出す。最初は貿易額に上限が設けられ、台湾鄭氏を締め付けるため沿岸部を無人にする清側の「遷界令」が解除された直後に殺到した唐船(一六八五年一〇二艘、八六年一三六艘、八七年一九二艘)の中には、貿易出来ずに引き上げるものが多かった。一七一五年の正徳《しょうとく》新例では、出港地ごとに一定数の許可証（信牌）を割り当てそれを所持する船の来航だけを許すことになった（信牌の総数は三〇通で固定）。中国本土の船が東南アジアの商品を運んでくることはあっても、東南アジアから直接来る唐船はごく稀になる。鎖国前後に一年当たり銀四万貫（一五〇トン）を越えたと思われる長崎貿易の総額は、一八世紀以降は一万貫前後で停滞する。琉球の中国貿易も停滞したままだし、一七世紀後半まで活況が続いた朝鮮貿易もその後は低迷したとされる。一方、一六〇〇年に一七〇〇万人程度と見積もられる日本（蝦夷地を除く）の人口は一七〇〇年にはほぼ三〇〇〇万人に達していた。日本の社会の貿易依存度はその間に大きく低下したはずである。

東南アジアの場合、大陸部ではむしろ、明を中心とする国際秩序が緩みヨーロッパ人や日本人が出現した一六世紀に、ビルマのタウングー朝がシャム・ラオスなどを占領したがシャムが逆襲してタウングー朝をいったん瓦解させたり、大越（ベトナム）黎朝が中絶し莫《ばく》朝と復活した黎朝（実権は武人の鄭氏）の激しい内戦が続くなど、戦乱が激発し社会が大きく動揺した。ベトナムでは一七世紀にも莫朝を倒した鄭氏と南方に新領土を開いた武人阮氏の内戦が断続的に続いたが、日本貿易の衰退などが顕在化した一六七二年以降は長期の平和が戻った。これに対し、対日貿易を含む海上交易への依存度が高かったスマトラのアチェ、ジャワのマタラムとバンテン、スラウェシのマカッサルなど、かつてヨーロッパ勢力に伍して繁栄し絶対王政にたとえられるような強大な君主が出現したムスリム諸国家は、いずれも活力を失い、特にジャワでは一八世紀に、マタラム王国の分裂・内紛に介入してオランダが同島の大部分を領土とした。前述のアンソニー・リードは近代の植民地官僚や学者が東南アジアについてイメージした「弱い国家と貧しい自給農民」を、この一七世紀の危機の結果として出現したものと考えている。世界システム論から見れば、インド洋世界や東南アジア島嶼部はこれ以降に「辺境」として世界システムに組み込まれていくということになる。

かくして一七世紀後半から一九世紀初頭に至る「長い一八世紀」の東アジア・東南アジアでは、危機への対応の結果として、ヨーロッパ支配下に組み込まれた地域を含めて対外通交・貿易や国境が強い国家管理の下に置かれることとなった。諸勢力が入り乱れた一六世紀以来の「せめぎあう海」は「棲み分ける海」に変じた（一四、一六、一八世紀の東アジア海域を比較した（羽田（編）二〇一三）の参照を勧めたい）。第四章で見るように各地域で、国家ないしエスニックな単位での凝集性が高まってゆく。ただそこでは、必要性の減じた軍事力が形骸化するという平和主義の観点では喜ぶべき状況が一般化した。また海賊行為や抜け荷（密貿易）はもちろん、漂流船を地元が略奪する権利も国家によって否定され、かなりの漂流民が安全に救助・送還される世界が出現した。

漂流民送還と言えば多くの読者が思い浮かべる大黒屋光太夫《だいこくやこうだゆう》（ロシアでエカチェリーナ女帝に謁見）や幕末のジョン万次郎（アメリカに漂流）だけではなく、日中朝や東南アジア諸地域間でも多数の漂流者が記録されている（密貿易商人が見つかって「漂流でございます」と言い逃れたケースも含むだろうが）。たとえば一七九四（寛政六）年の旧暦八月に石巻《いしのまき》（宮城県）から江戸に向けて出航し、太平洋上で漂流した「大乗丸《だいじょうまる》」の乗組員彦十郎らは、ベトナムのサイゴン（現ホーチミン）に流れ着いて、当地で西山（タイソン）朝との激戦を繰り広げていた「安南国王」阮福暎《げんふくえい》に面会したのち、当時の南シナ海〜東シナ海における漂流民送還の手順にしたがって、マカオ経由で（中国人の船を使って）長崎に送り返された。帰国後の記録にはいろいろなベトナム語の単語や、阮福暎が「さいさん」と戦っている話なども含まれている。

二、人口増加と土地不足

課題3―2―1　工業化以前の世界では、近現代世界のように急速な人口増加（自然増）が珍しかった。一般的に言って、出生率や死亡率に作用するどんな要因が人口を抑制していただろうか。それらの要因は、近世（一四世紀後半〜一九世紀前半）にも、西ヨーロッパや東アジアを含めて世界中で作用し続けただろうか。調べて整理してみよう。

課題3―2―2　工業化以前のある農業社会で人口が増えすぎて土地や資源の限界に達した際に、人々はどんな対応をしただろうか。複数のパターンをあげよ。

課題3―2―3　中国と日本の人口は一七世紀から一八世紀にかけてどう変動しただろうか。人口増の背景にはどんな生態、技術、社会や家族制度などの条件があっただろうか。それは近代化のモデルとされてきた西欧の農業社会とどのように違っていただろうか。

「一七世紀の危機」の終了後、大西洋をまたぐ近代社会形成やアジアへの「西洋の衝撃」が本格化する一九世紀半ばまでの世界を、現在の歴史学では「近世後期」とか「長い一八世紀」と呼ぶことが多い。「長い一八世紀」は従来、旧来の東アジア史では諸国の繁栄とそれに続く停滞や成功しない改革、そして日本の鎖国や清朝の「広東システム」など内向きの閉鎖的政策の時期ととらえられ、そこで「太平の眠り」をむさぼって近代化を怠ったことが、一九世紀におけるアヘン戦争などのショックと危機の原因になったとされてきた。だが前章で述べた通り、すべての国々がヨーロッパのような近代化の可能性をもちセパレートコースで競走して優劣が決まったという世界史像は、もはや受け入れられない。「長い一八世紀」は現在のグローバルヒストリーでは、いろいろ違った位置づけを与えられている。

一七世紀中盤～後半の危機から抜け出した後にも、旧世界の主要農業地域では、食糧生産が人口増に追いつかず貧困化が進む「マルサスの罠」が問題になった同時代の西欧・南欧地域と同様に、前近代の技術水準で対応できる限界に達した人口水準から来る高い人口圧と土地不足が顕在化した。ヨーロッパ諸国はそこで、戦争や植民地獲得ないし近代世界システムの拡大と、工業化などの組み合わせで危機からの脱出に成功するのに対し、近世後期の西アジア・南アジアと東南アジア島嶼部を含むインド洋世界は、しだいに西欧中心の不平等な相互依存関係すなわち「近代世界システム」に組み込まれていったように見える。これに対し狭義の東アジアや東南アジア大陸部は、前

☞ワンポイント解説３−１

ヨーロッパのみが着々と発展し、アジアは停滞していたという近世像はさまざまな角度から批判されてきたが、グローバル経済史と関連して重要な役割を果たしたのが、中国史研究者などを中心とするアメリカの「カリフォルニア学派」だった。その一人であるK. ポメランツは2015年に日本語訳が出た『大分岐』（原著2000年）において、18世紀半ばまで、イングランドと中国江南・日本の畿内などアジアの経済先進地域では、生産力や所得水準に大きな差はなかったが、両者は共通して「マルサスの罠」状態に陥っていた、ところがイングランドは鉄と石炭という工業化に必要な二大重要資源が国内に近接して存在していたこと、新大陸の資源を自由に利用できたことの二つの理由でブレイクスルーに成功したため、そのような条件をもたなかった中国その他の地域との間に巨大な分岐が生じたと論じた。

こうしたヨーロッパとアジア各地の比較については、国・地域ごとの長期のGDP推計（アンガス・マディソンのそれが有名）や、賃金や摂取カロリーなどを推計する「生活水準論争」（山本2020にわかりやすい紹介がある）、そして歴史人口学などと関連しあいながら、現在まで論争が続いている。

節で見た各国の住み分けのもとでの平和を背景に、辺境への移住・開発ブームと中心地域での農業生産の集約化・商業化など独自の発展ないし成熟（言い換えれば人口扶養力の維持）、あるいは停滞と動揺を経験した。

ここで序章でふれた「人口転換」を思い出していただこう。前近代の世界は一般に多産多死で結果として人口は停滞的だったとされるが、それは実際にどんな状況をイメージしたらよいのだろうか。

二〇世紀後半に始まる歴史人口学の発展やそれと並行した家族史の見直しが、現在では多くのことを教えてくれる。避妊と家族計画などの知識・技術が存在しない時代に、たしかに多産は珍しくなかった。ただし次章でも論じるが、みんなが早婚だったわけではない。また、人口増加を阻む要因は戦乱や病気、飢饉などで人がよく死ぬことだけではない（産科技術が未熟なため妊産婦の死亡率が高かったこと、貧困家庭で主に女児の間引きつまり嬰児殺しが盛んにおこなわれたことなどは軽視できないが）。財産を長男が全部相続する社会では、

☞ワンポイント解説３−２

文献史料や出土人骨などから過去の人口を推計することはそれ以前から行われていたが、現在おこなわれている歴史人口学という学問は、第二次世界大戦後の英仏などで、近代的なセンサスや住民登録制度が成立する以前の資料を用いて人口や婚姻、家族と世帯などの状況を復元する方法が開発されたことによって成立した。のちにコンピューターによる大量のデータ処理が可能になったことと、世界各地の資料開拓や比較研究が進んだことなどから、グローバル経済史やジェンダー史など多くの学問と影響を与え合う重要な学問分野になった。ヨーロッパでは教会が信徒の洗礼・婚姻・埋葬などを記録した「教区簿冊《きょうくぼさつ》」（信徒のライフヒストリーの復元が可能）やイギリスの住民台帳（世帯単位で記録している）などが主要資料となり、速水融《はやみあきら》らが創始した日本近世の歴史人口学（速水 1997 ほか）は、家単位に成員の諸情報を記録した「宗門人別改帳《しゅうもんにんべつあらためちょう》」を、中国（上田 2020）では宗族《そうぞく》（共通の祖先をもつ父系親族集団）の歴史を記した「族譜」を資料とすることで、人口動態や家族構造の復元が進められた。

財産をもたない次三男などの結婚が難しかったこともよく知られているが、男性にとっての障害はそれだけではない。王侯貴族だけでなくちょっとした有力者や金持ちでも妾をもったり女奴隷・奉公人に「手を付ける」のが当たり前の社会というのは、妊産婦の死亡や女児の間引きでただでさえ崩れがちな男女比のもと、そうした貴族や有力者でない男性の結婚のチャンスを、著しく減少させなかっただろうか。皆婚《かいこん》社会は近代化ののちにしか実現しないのだ。よく引かれる中国の例で言えば、漢代から明代前半までの総人口は、王朝が安定・繁栄すると一億近くなるが解体期には大きく減少するというサイクルを繰りかえしていた。

そうした前近代にも、生産力や技術は少しずつ発展し、平和な時代には人口が増加した。近世の経済・社会の発展や世界の一体化は、次ページの各資料が示す通り、東アジアの人口構造を新しい段階に押し上げたように見える。「小人口社会」の特徴を保持していた東南アジアも、近世後期以降は人口が着実に増加する。中国や東南アジアでは、一八世紀に加速した人口増の趨勢が、巨視的に見れば二〇世紀後半まで続いたように見える。

稲作を中心に農業生産力をもつ中朝日など狭義の東アジア諸国内の先進地域では、一八世紀までに各地で人口過剰・土地不足の状況が一般化した（大島編二〇〇九も見よ）。高出生率が高死亡率で相殺されなくなったのは、平和な時代の恩恵だけでなく、用排水や施肥《せひ》・除草、品種改良など集約的な生産技術の進歩や新しい作物の導入によって、「端境期《はざかい》にも大勢の餓死者・病死者が出なくなった」ことの影響が大きい（新生児死亡率や間引きは減少するが、出生率そのものは必ずしも高くない）。儒教的な「孝」の思想が絶対的な力をもち、しかも孝イコール男系子孫を残すことと理解されている中国や朝鮮・ベトナムでは、女子の権利を奪うことや祖先祭祀の権利を長男に集中することはできても、次男以下から子孫を残す権利を奪うことが難しく、男

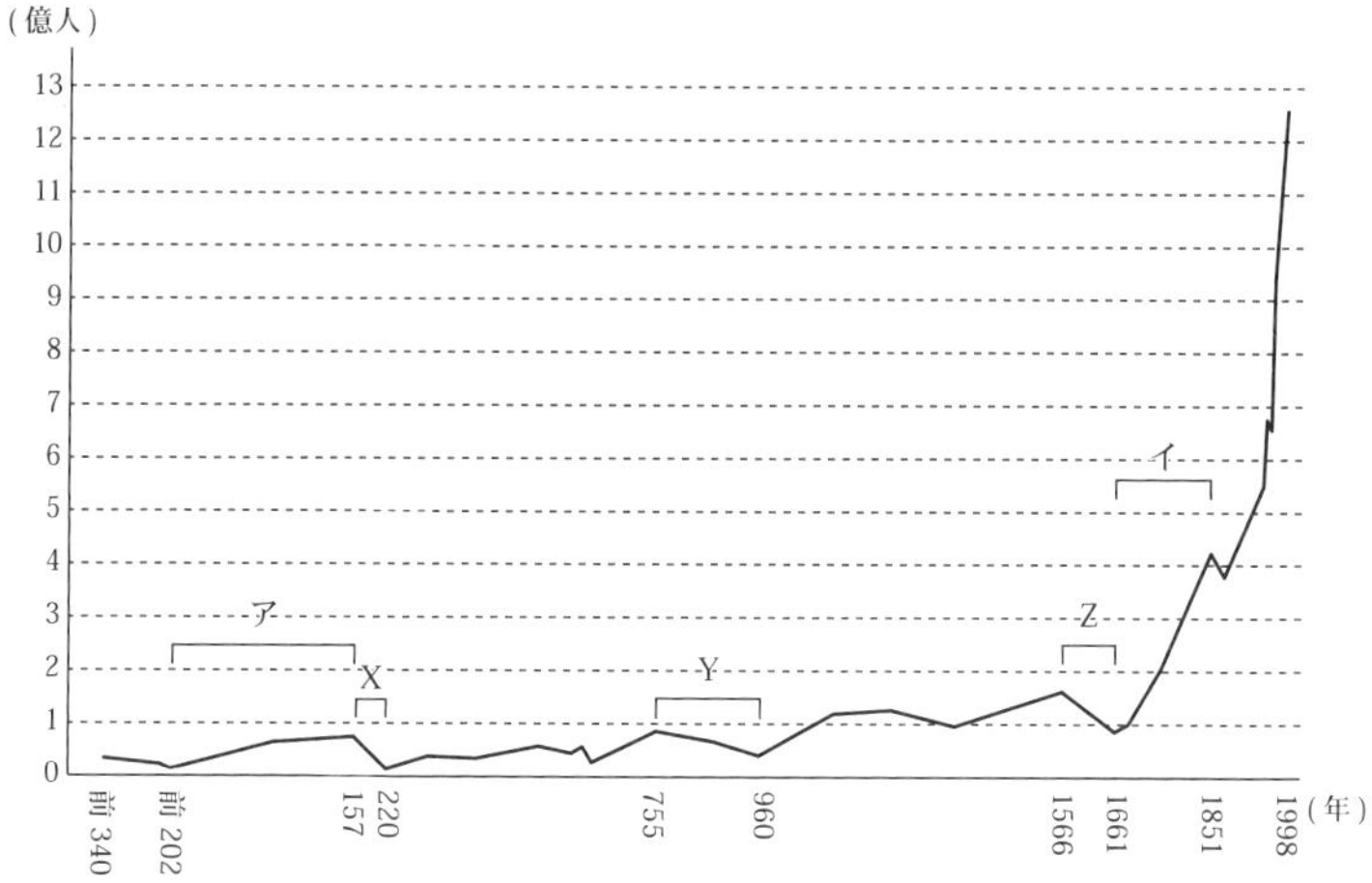

資料 3-1　中国の人口の変遷
（路遇・勝沢之『中国人口通史』より作成）

年	総人口（100 万人）	人口密度（人 /ha）
730	5.8-6.4	0.20-0.22
950	4.4-5.6	0.15-0.20
1150	5.5-6.3	0.19-0.22
1280	5.7-6.2	0.20-0.22
1450	9.6-10.5	0.34-0.37
1600	17.0	0.60
1721	31.3	1.10
1804	30.7	1.07
1846	32.2	1.13
1874	34.5	1.21
1920	55.96	1.47
2000	126.93	3.40

注）1974 年までは分母の国土面積に蝦夷と沖縄を含まない.

出典）730-1450 年はファリス推計，1600 年は斎藤推計，1721-1846 年は鬼頭推計，1450 年までは Farris（2006）pp.8-9.13-26，95-100 により，1600-1874 年は斎藤（2017）と Saito and Takashima（2015）table 1 により，1920 年と 2000 年は総務省統計局（2006）表 2.1 による（ともに国税調査の結果である）.

資料 3-2　日本列島の人口の変遷

	面積（100万km²）	人口（100万人）							
		1600	1700	1800	1850	1900	1950	1975	1984
東南アジア	4.08	20.8 (5)	24 (6)	31.5 (8)	42 (10)	83 (20)	177 (43)	314 (77)	392 (96)
大陸部	1.94	11.25 (6)	12.75 (7)	15.5 (8)	21 (11)	35 (18)	72 (37)	127 (65)	157 (81)
島嶼部	2.14	9.55 (4)	11.25 (5)	16 (7)	21 (10)	48 (22)	105 (49)	187 (87)	235 (110)
インド①	4.22	130 (31)	160 (38)	185 (44)	225 (53)	280 (66)	430 (102)	745 (177)	940 (223)
中国本土	4.00	150 (38)	150 (38)	320 (80)	420 (105)	450 (113)	520 (130)	720 (180)	1054 (263)
ヨーロッパ②	4.22	72.75 (17)	92.25 (22)	135.75 (32)	190.5 (45)	271 (64)	362.5 (86)	426.5 (101)	443.4 (105)

① パキスタン、バングラディシュを含む。
② ロシア、バルカンを除く。
McEvedy & Jones(1979)による。ただし1983年の数値は*1984 Escap Population Data Sheet*による。(ヨーロッパのみは、*1983 World Population Data Sheet of the Population Reference Bureau,Inc.*による)。

資料3-3　世界主要地域の人口の変遷

子均分相続は崩しにくかった、そのうえ、貧農が労働力にならない女児を出産直後に殺すような習慣は「仁」に反するという思想も近世に普及し、出生率そのものはヨーロッパと比べて高くないにもかかわらず、人口の増加に拍車がかかったとされる（上田二〇二〇）。一七三〇年代に人口一人当たり〇・三五ヘクタール近かった中国の耕地面積（華北・西北の畑作地を含む）は、一七八〇年代以降は二〇世紀初めまで〇・二ヘクタール前後で停滞した。日本のそれ（基本的に水田）は一七二〇年代以降、〇・一ヘクタール程度で幕末に至る（杉原二〇二〇：二八）。

全体に小人口地帯だった東南アジアでも、一部では同様の状況が出現したように見える。たとえば北部ベトナムの紅河デルタの稲作農村では、一五世紀には一家族のあるべき農地面積は五畝《マウ》（一・八ha）とされていたが、一九世紀初頭には一家族（平均五人程度か）の保有面積はしばしば一畝（〇・三六ha）を下回っている。一畝では最高に肥沃《ひよく》な水田で当時広がりつつあった二期作をしても、年収穫量はモミでせいぜい二トンだったろう。脱穀・精米して白米にすると、その半分（一トン）程度である。納税やその他の経費で半分を持って行かれるとすると残るのは五〇〇kg、一人当たり食料は年一〇〇kgにしかならない（桃木一九九七）。ところが白米とごくわずかな肉や魚で主要な栄養を取ろうとすると、成人男子は月一〇kg米を食べても全然足りない。他のデンプン源が必須になるし、衣食住全体の必要をまかなうには、他の作物を作る、家内手工業を営む、出稼ぎに行くなど経営の多角化が必須になる。芋・豆やトウモロコシ、バナナなどいろいろなデンプン源もあり、食生活の貧弱さに直結はできないにせよ、稲作農民でありながら一年中食べる米がない農民像は、アジア各地に共通するものだった。

中国人の辺境や国外への移民・出稼ぎなどは決して小規模ではなかったが、同じく土地不足が顕在化したヨーロッパが、工業化とアメリカ大陸への大規模な移民で人口圧と資源の限界を突破したような抜本的転換（ポメランツ二〇〇〇がいう「大分岐」）には至らなかった。結果、中国では一七世紀の大戦乱が収束し平和が続いた一八世紀に人口が一億余から三億以上に増加した。一方日本は、戦国乱世が収束し平和になった一七世紀に開墾・分家《ぶんけ》ブームが起きて人口が急増したが、里山などの環境破壊に加え長子相続制や鎖国下で蝦夷地を除き海外への移民が不可能だったことなどの抑制要因が働いて、一八世紀〜一九世紀前半の人口は三〇〇〇万あまりでほぼ横ばいであった。

三、開発・小農社会・勤勉革命

課題3−3−1　農業生産は必ず大規模化しなければ近代化ができないという英米型の考えは、世界中にあてはまるだろうか。この考えを盲信して失敗した二〇世紀の農政の例にも注意しながら考えよ。

人口増加の時期やペース、背景に違いはあるものの、高い人口圧と土地不足を経験した狭義の東アジア諸国で、ただちに社会経済的危機がおこらなかった背景は、米など穀物の生産力の向上だけではない。都市での商業・手工業や金融業も発展したし、日本史で習うような各地の特産物生産とその広域流通、しばしばそれと連動した辺境の開発などが、域内諸地域でひとしく見られた。

日本でその中心になったのは、いうまでもなく各藩が領内の米を運び巨大な米市場が成立した大坂（大阪）だった。海陸の交通ルートが整備され各地の産物が集まることによって、大坂はそれ以外の商品流通のセンターにもなり、またそこに両替商などの金融業者も集中した。大坂や、参勤交代という仕組みが膨大な需要を生み出した江戸、また工芸のセンターでもあった京の「三都」に集まる商品には、木綿や麻・絹などの繊維と衣料品だけでなく、専業としての地位を高めた漁業・水産業の産品もあれば、行政や教育・文化、経営などの需要が増加した製紙業、酒や味噌・醬油・酢などの醸造業その他手工業の発展によるものも多かった。堺の鉄砲生産が包丁に転換するような産業構造の転換や、染色技術の発展をともなう呉服デザインの多様化など、「付加価値をもつ」商品も増えていた。

もともと経済先進地域だった畿内や東海地域でイワシやニシンを肥料に使用して米や綿の生産が増加する一方、後進地域だった現在の関東甲信越・東北などでも生糸生産の活発化を含む経済発展が見られ、一八世紀末以降には上方に従属しない自立した経済圏が成立したとされる。関東甲信越の生糸は、幕末から第二次大戦前まで横浜港から積み出され、日本の主力輸出品の地位をもちつづける（他にも茶などの一次産品がさかんに輸出された)。関東甲信越や東北南部の経済発展は、明治期の自由民権運動の基盤としても注目される。川勝平太(浜下・川勝編一九九〇ほか)は、こうした経済発展の結果、日本が経済的な「脱亜」を達成したことを、近代の経済発展の前提として高く評価した。その根拠のひとつが、かつて輸入に頼っていた砂糖(琉球の黒糖と瀬戸内海地域などの白糖)や高級生糸・絹織物の国内生産がこの時期に発展し、自給が可能になったという「輸入代替工業化」である(綿は戦国時代にすでに達成済み)。ややマイナーな例をつけくわえれば、長崎から薬種・甘味料として輸入されていたトンキン(北部ベトナム)の肉桂も、薩摩など各地で国産化が試みられた(岡田二〇二〇ほか岡田雅志の一連の研究を見よ)。赤色染料の材料として、かつて琉球交易や南蛮貿易で東南アジアから輸入した蘇木とならんで、山形などでの紅花《べにばな》の生産が発展した。

もうひとつが貨幣の自立である。西日本の銀遣いと東日本の金遣いなどの違いはあるが金銀貨は自給できたし、寛永通宝の大量発行によって中国の銅銭を締め出すこともでき、貨幣の面で鎖国後の日本には、一国単位のナショナルな市場経済の土台が成立した。そこでは為替・手形や先物取引などのノウハウも高度に発達したし、田沼意次時代の南鐐《なんりょう》二朱銀《にしゅぎん》のような計数貨幣(重量や純度を計測せずに個数を数えれば使える貨幣)すら発行できるようになった。

ただしこうした「脱亜」の負の側面を無視することは許されまい。独善的な神国意識などは次章で扱うとして、どうしてもここで取り上げるべきは、琉球と蝦夷地の状況である。薩摩藩と王府の二重支配下が続いた琉球、薩摩藩の直接支配下に移された奄美では、黒糖やウコンの栽培・生産を強制された。蝦夷地では、和人商人による「場所請負制」のもとでアイヌが毛皮などの貢納を強いられる一方、和人の漁民・労働者が入り込み本土の農業や食生活を支えるニシンなどを勝手に獲りまくった。琉球・奄美の現実は砂糖やタバコの生産を強制された一八〜一九世紀のジャワ島やルソン島と似ているし、蝦夷地の状況は奴隷化された先住民や華人による採集・漁獲が一般化したフィリピン南部・インドネシア東部などを思い出させる。現代の学界で近世日本における琉球や蝦夷地の位置を「内国植民地」と呼ぶ——つまり日本は台湾・朝鮮や樺太以前に植民地支配をおこなっていたと考える——のは突飛な考え方ではなかろう（桃木ほか（編）『海域アジア史研究入門』の関連各章も見よ）。

朝鮮王朝でも、市場経済の発展を背景に奴婢が姿を消し

☞ワンポイント解説３−３

江戸時代に回船業が大きな経済的役割を果たしたことは、よく知られている。日本海側を山陰・北陸から蝦夷地まで結んだ「北回り回船」はその一つだが、これに関連して現在は中学校の歴史などで、「昆布ロード」の話がよく紹介されている。昆布は古代から特産物として朝廷に知られていたが、「17 世紀の危機」後には、アワビ・フカヒレ・ナマコなどの「俵物」とならぶ中国向けの重要輸出品にもなった。蝦夷地などで収穫された昆布は、北回り回船を介して長崎ないし琉球まで運ばれ輸出されたのだが、同時に大坂にも大量に運ばれた。現在でも大阪に昆布の問屋が多いのはそのためである。昆布は日本列島各地に独自の食文化を生んだことでも知られる。薩摩・琉球向け昆布を中継したのは富山の商人（薬売り）が多く、富山では魚介類の「昆布締め」が名物になったとされる。大阪では塩昆布やおぼろ昆布（とろろ昆布）が現在でも名物である。沖縄の料理は豚の全身を利用するなど中国・東南アジア的な要素を多く持ちながら、基本の味付けには「やまと」からもたらされた昆布と鰹節を用いる。

なおこうした日本列島を取り巻く広域流通は、意外な副産物を生み出した。経済成長が続いた 18 世紀後半の清朝では、ナマコの需要が増加して日本産だけではまかなえなくなった。そのとき華人商人や中国向け商品を探していたイギリス東インド会社が注目したのが、フィリピン南部・インドネシア東部の海域に住むナマコだった。これは日本産ほど美味ではなかったが、代替品として一定のマーケットを確保し、海洋民を奴隷にして採集させたナマコを独占販売したスールー王国のスルタンが巨富を得たとされる（鶴見 1999 ほか）。

たり「中人」層が両班の仲間入りを果たすなどの変化が進んでいた。価値の尺度として布は用いても金属貨幣を拒否していた朝鮮王朝でも、常平通宝など銅銭の鋳造・使用が進む。西南海岸地域の大規模干拓などはほぼ終わり、中部の二年三毛作、南部の一年二毛作など集約的・多角的な農業経営も一般化した。それらの農業や商工業で吸収しきれない層では、東北部の咸鏡道《ハムギョンド》など辺境部への移民が進んでいた（日本支配下ではそこから、今日の「延辺朝鮮族自治州」など中国東北部への移民が出現する）。

中国が人口増だけでなく人や物の流れの面でダイナミックに動いていたことも、不足する米や小麦を補うカロリー源としてのトウモロコシやサツマイモの普及とあわせて、今日では高校世界史の常識になりつつある。経済の最先進地域である江南では、付加価値の低い商品としての米生産の中心の座は明代後期に長江中流域に譲っていたが、木綿や絹・陶磁器などの生産はますます発展していた。明末に一部の富豪とその他民衆の格差が一方的に広がったのに対し、清朝中期には、次章で見る親族集団（宗族）の結びつきの拡大、有力者を中心とする慈善組織の活動などの恩恵も受けて、それなりに安定化していたとされる。

一方、台湾を含む東南中国、西南中国や内蒙古、満洲など辺境への移民と開発も進み、それは自給生産でなく商品経済を発展させることも多かった。たとえば近代に世界商品となる満洲の大豆は、山東や江南に運ばれて不可欠な肥料の原料になっていた。広東省の移民が四川に持ち込んだ製糖技術によって、四川省南部の砂糖が全国区の産物になった。雲南省など西南の山地に入り込んだ漢人は、急斜面で育つトウモロコシを食べながら、茶やケシなどの商品作物を栽培したり、銅などの鉱産物を採掘した。ただし先住民とちがい、現地の環境を熟知しない漢人による短期の利潤目的での開発は、トウモロコシ栽培による地力の消耗、鉱山の廃水による水質汚濁などの環境破壊を生んだ。山から山へ、谷から谷へと破壊しては移動をする漢人の動きが限界に達したときに、食えなくなった漢人自身、それに先住民族も巻き込んでおこった巨大反乱が、「太平天国」であったとされる。

開発の波は東南アジアにも及んだ。遠隔地交易の利潤が減少したオランダやスペインは、それぞれジャワ島やルソン島の陸上の支配を強化し、そこで商品作物の生産を推進した。ジャワのコーヒーとサトウキビ、ルソンのサトウキビやタバコが、まず主力商品になった。そこでは現地首長を利用して一定量の産物の引き渡しを強制するなど、近代的賃労働以前の形態が活用された。それがもっともシステマティックに運用されたのが一八三〇年からのオランダによる強制栽培制度ないし政府管掌栽培制度である。

これに対して大陸部では、一八世紀半ばにビルマによるアユタヤの滅亡、ベトナムのタイソン（西山）反乱など各地で大動乱が起こったが、その後にはビルマのコンバウン朝（一七五二―一八八四年）、シャムのラタナコーシン朝（一七八二年―）、ベトナムの阮朝（一八〇二―一九四五年）の三大勢力がそれぞれ史上最大版図を支配し、現代の国民国家の原型になるような政治・文化統合を築いた。ただしカンボジア・ラオスは弱体で、その不安定な位置が二〇世紀後半のベトナム戦争に関連した悲劇につながる。

ともあれ、東南アジアにはまだ未開発の森や山、島や海が広がっていた。そこにヨーロッパ人より先に進出したのは華人であった。アンソニー・リードらは、一七三〇年代からの百年間を東南アジアにおける「華人の世紀」と呼んでいる。従来の商人や都市労働者以外に、この時期に福建・広東などから到来した華人は、農業・鉱山業や水産業などあらゆる生産に手を出した。新開地では、メコンデルタ西南端のハーティエンの鄚《まく》氏やマレー半島・ソンクラーの呉氏などの華人政権ができたり、ボルネオ島・ポンティアナックの金山を支配した「蘭芳公司《コンス》」のような華人の共同出資組織が地域を支配することもあった。マレー半島のスズ生産を支配した華人集団のように、反清復明《はんしんふくみん》をかかげる秘密結社（会党）との関連もしばしば見られた。大陸部の山地でも、華人は山地民の首長と手を結びつつビルマのボードウィン銀山。ベトナムの送星銀山や聚竜《しゅうりゅう》銅山などの鉱山や森林資源の開発を大規模に進めたが、平地の政権はほとんど手出しができなかった。

現地の支配者が強力なジャワ島（VOC〜オランダの支配下）やシャムでの砂糖生産などの例外はあるが、華人の生産物の多くは華人によって販売・輸出され、その多くは中国で消費された。人口増が食糧不足や森林の枯渇を招いていた東南中国では、華人がシャムなどに赴いてそこの材木でジャンク船を建造し、それにシャムの米を積んで中国に帰るような貿易パターンも一般化した。

こうした東アジアにおける開発や商品経済は、イングランドなど西北欧の発展モデルを絶対化する立場から、不十分で奇形的な発展と見なされることが多かった。だが現在では、理論が変化している。

中村哲《さとる》（一九七七）の「小経営生産様式論」によれば、前近代の農民は一貫して家族単位の小経営をおこなうのが一般的であった。ところが古代には技術レベルが低いため小規模生産は不安定で、破産した農民を隷属民（狭義の奴隷には限らない）として自分の支配下に入れ、その人々を使役して大規模経営をおこなう地主や貴族だけが安定的な生産・経営を維持できた。まだ人口が少なく新規開発が容易だったこともあり、農民の移動性は高かった。ところがその後、人口が増えて農民の移動は容易でなくなるが、他方で技術が向上し経営マインドも普及するため、家族単位でかなり安定的な生産が可能になる。そうすると隷属農民による大規模生産は実際に働く農民のインセンティブが低いため、家族経営より生産性が低くなって衰退する。中村の理論ではこの段階を世界的な農奴制（中世）の段階と規定したが、これを応用した宮嶋博史（一九九四）は、近世東アジアでこの段階が実現したことを強調し、しかもそれが近代東アジアの発展を準備したというかたちで議論を展開した。西暦一〇〇〇年から一八世紀までの間に、最初は中国江南、のちに朝鮮半島や日本列島の農業中心地帯で顕著に人口が増加したことがその背景とされる。

これを受け入れた中村（二〇〇〇、二〇一九）の「東アジア資本主義」に関する一連の著作によれば、小農経営の自立まではヨーロッパも同じだったが、そこでは比較的寒冷な土地での畑作と牧畜の結合（牧畜を組み込んだ輪作や畑作における家畜を用いた耕起など、しばしば家畜とその生産物が人間の労働力より大事な役割を果たした）、急速な都市化や新大陸への移民など別のメカニズムが働き、東アジアに比べて小農経営は十分展開できなかった。これに対して宮嶋・中村の理解では、東アジア特に稲作地帯では小農経済の安定化傾向が強く、他方で家畜の役割はそこまで大きくない。宮嶋のいう東アジア型の「小農社会」が、宋代の中国（最初は江南地域）に始まり、一七～一八世紀には朝鮮半島・日本でも小農民を主役とする社会が成立した。

著者や八尾隆生・上田新也の意見では、まだ理論化が不十分だが、北部ベトナムの平野部もおそらくこれに近いプロセスをたどっている（桃木二〇一一：終章でやや詳しく論じた）。世俗性の強い（近代化に適応しやすい面をもつ）朱子学など東アジアの儒教思想は、次章で論じる通りそういう状態に適合的と思われる。そこでは、近世以降もそこに大地主はしばしば現れるが、それは大規模生産ではなく、浮き沈みをくりかえす小規模な農民の経営地の寄せ集めなのが普通であった。

北西ヨーロッパにおいて一般化した囲い込みを通じた大規模で資本主義的な農業とそのアメリカ大陸での展開は、「農業近代化イコール大規模化」という思い込みを世界に広げ、戦後日本の農政や教育だけでなく、ソ連のコルホーズや中国の人民公社など社会主義国をも縛った。大規模農業の展開にともなう「農民層分解」、土地を失った元農民を労働力とする「産業革命」と都市や商業の発展なども、近代化の普遍的なモデルとされてきた。しかしコルホーズや人民公社が失敗したのは、「社会主義だから」というだけではない。そもそも日本を見ればわかるように、地形や気候の影響を受けやすい農業は何でも大規模化すればよいというものではないのだ。大規模生産は必然的に売るための生産となるが、それは世界恐慌下での熱帯プランテーションの大量倒産に見られる通り、景気次第で生産がストップしたりそこで働く農業労働者が失業する事態を招く。生産がストップすればその農産物を買えなくなる都市住民が飢えたり工場が稼働できなくなる。

これに対し小農民の家族農業は、通常は自家消費用の食糧を生産しつつ、売るための作物や加工品も作る。だから異常気象や天災による不作などで飢えることはあっても、不景気で生産をやめることはない。不況に強いのである。またその土地に愛着をもたない企業的な大規模農業がしばしば環境の改変・破壊をいとわないのに対し、小農民は人口圧などで自然を食い潰すこともある一方で、自分たちが代々生きていくための持続的可能性を作り出そうとするベクトルをもっている。

近世の東アジアでは、一定の都市や商業・手工業の発達（後者をプロト工業化と呼び、斎藤修〔二〇一三［一九八五］など〕の研究で有名になった）、それに底辺層の農業からの退出、辺境部や国外への移民も見られた。華北畑作地帯のように大経営が主流の地方も存在したが、全体としては「農民層分解」に向かわず、むしろ中・上層の農民（経営面では自作地と他人の土地を借りる小作地の両方で生産を行う者も多い）が前面に出てくる。かれらが次章で見る「家」や世帯を単位として、農業生産の高度化・集約化、手工業生産を含む農家副業や奉公・出稼ぎなど家族総出の経営多角化を行うパターンが卓越した。妻や娘も、老人や子供も働いた（家内労働については賃金なしで）。成人女性は田植え・収穫など稲作労働から奉公・出稼ぎまで幅広く活躍した。稲作においては品種改良や農具の改良による深耕、植物性・動物性肥料の使用などが一般化し、日本や中国江南などは資料3−4に見るように、植民地期や独立直後の東南アジアより高い土地生産性を実現していた。

逆に言えば植民地期東南アジアの米の大量輸出は、従来ほとんど人が住んでいないかったデルタで、東アジア型の労働集約型とは違ったひたすら粗放な農法を展開した結果であった。農民の数も労働量も少ないから、順調に実りさえすれば、収穫された米のほとんどを輸出に回せるのである。ただし東アジアの水田稲作は、田植え・収穫など特定の時期に集中的な労働を必要とする。それ以外の季節におこなわれる裏作や副業、出稼ぎ・奉公などは、遊休労働力が出ないようにする効果が高かった。それは西北欧型の大規模農法のように経営者が司令塔として奴隷や雇用労働者（不熟練でもかまわない）を駆使する方法でなく、家族員それぞれがスキルを高めいろいろな就業機会に機敏に反応するようなありかたの経済活動を後押しした。しかも基本食糧は自給しているから、各自が単独で生活できるだけの収入を必要としたわけではない。奉公人や出稼ぎ労働者を雇う側から見れば、現代のアルバイトやパートタイム労働者と同じで、比較的安い給与で雇うことが出来る。

日本	1878-82年　2.53
中国	1921-25年　2.56
インド	1953-62年　1.36
タイ	1953-62年　1.38
インドネシア	1953-62年　1.74
マレーシア	1953-62年　2.24
韓国	1953-62年　2.75
台湾	1953-62年　2.93

資料3-4
近世末の東アジア稲作の生産性（数字は1ヘクタールあたりモミ収量・単位はトン）

第五章で見るように、近代商工業における中小零細企業の大きな役割も含めて、東アジアの資本主義化にはこうした小経営や家族主義がきわめて重要な役割を果たしたが、そこでは特定の仕事しかしない／できない欧米の労働者に対する、何でもこなす東アジアの労働者の器用さが大きな売りになっていた。かつては東アジア労働者の低賃金や雇用主への従順さを「本当の近代化を阻む封建社会の残滓」「工業などの近代セクターとの二重構造」など不自然な状況と見なしたが、工業でも多品種少量生産や工程のモジュール化が進み「重厚長大」産業の優越性が失われた現在、小経営の優位性を見直しても、資本家の肩ばかりもつことにはならないはずである。国連で二〇一五年から「家族農業の一〇年」の取り組みを開始したのは、世界がようやくそのことに気づいた表れでもあろう。

詳しい推計の根拠などは省くが、次ページの表が示す通り、江戸時代後期には都市化率は上がっていない。中小の「街場《まちば》」は増加しているが、江戸・京・大坂の「三都」など大都市の人口は停滞していた。歴史人口学では、感染症なども多い都市は「蟻地獄」だったと考える。しかし一人当たりGDPの推計値は、イングランドなど西北欧には及ばないものの、一七〇〇年から一八五〇年にかけてはっきり伸びており、その水準は南欧や中東欧と比べて低くはない。そこでは前節で見たような加工品を含めた特産物の生産など、農業や農村手工業の貢献が小さくなかった。

かつて日本の小学校でおなじみだった二宮金次郎（尊徳）など、中小農民層から身を起こして幕末・明治期までに「豪農」と呼ばれるようになる人々が各地に出現したが、それは英米型の大経営をおこなったわけではなく、農村には一定の中小農民層が存在しつづけた。そうした人々は、勤倹につとめ技術を磨いて生産力や家産を増大させるだけでなく、次章で見るように次世代の教育、そして消費活動や娯楽・文化にも敏感だった。この層を主役とする徳川日本の市場経済化と経済成長を、速水融らはヨーロッパ型の近代資本主義社会を成り立たせた「産業革命 Industrial Revolution」と対比されるべき「勤勉革命 Industrious Revolution」と呼んだ。日本以外の東・東南アジア諸国もめざましい経済成長・工業化や社会の近代化を実現した「東アジアの奇跡」の背景となった歴史をグローバルに復元しようとする杉原薫（二〇二〇）は、勤勉革命型の発

A. 推移

	全国人口（1,000人）	都市人口（1,000人）	都市化率（%）	人口密度（人／町）	実質粗付加価値額（石高ベース：100万石）			
					第一次部門	第二次部門	第三次部門	計(実質GDP)
1600	17.0	1.1	6.4	0.59	30.7	3.6	7.3	41.6
1721	31.29	3.96	12.6	1.09	48.81	8.43	20.36	77.60
1804	30.69	3.94	12.8	1.06	58.80	10.09	24.40	93.30
1846	32.21	3.96	12.3	1.12	67.06	11.70	28.14	106.90
1874	34.840	3.588	10.3	1.20	77.103	15.888	36.551	129.541

	部門粗付加価値のシェア（%）			人口一人あたりGDP（石）	人口一人あたりGDP（1990年国際ドル）
	第一次	第二次	第三次		
1600	73.7	8.8	17.5	2.45	667
1721	62.9	10.9	26.2	2.48	676
1804	63.0	10.8	26.2	3.04	828
1846	62.7	10.9	26.3	3.32	904
1874	59.5	12.3	28.2	3.72	1,103

B. 平均成長率

（年率：%）

	全国人口（%）	都市人口（%）	実質粗付加価値額（%）				人口1人あたり実質GDP
			第一次部門	第二次部門	第三次部門	計（実質GDP）	計（実質GDP）
1600-1721	0.51	1.07	0.38	0.71	0.85	0.52	0.01
1721-1804	-0.02	-0.01	0.22	0.22	0.22	0.22	0.25
1804-1846	0.12	0.01	0.31	0.35	0.34	0.32	0.21
1846-1874	0.28	-0.35	0.50	1.10	0.94	0.69	0.41

105

（単位：1990年国際ドル）

	1300	1400	1500	1600	1650	1700	1750	1800	1850
英国	711	1,053	1,041	1,037	887	1513	1,695	2,097	2,718
オランダ	674	920	1,119	2,049	2,071	1,620	1,812	2,008	2,371
ベルギー	896	1,223	1,487	1,589	1,445	1,375	1,361	1,479	1,847
スウェーデン	560	768	768	768	974	1,352	981	864	1,086
北西ヨーロッパ	**705**	**1,000**	**1,083**	**1,203**	**1,239**	**1,473**	**1,489**	**1,686**	**2,132**
イタリア	1,477	1,596	1,398	1,243	1,275	1,346	1,398	1,243	1,350
スペイン	864	819	846	892	687	814	783	916	1,079
ポルトガル	742	742	742	933	1.059	898	1,216	1,002	923
南ヨーロッパ	**1,216**	**1,271**	**1,163**	**1,112**	**1,072**	**1,135**	**1,173**	**1,113**	**1,222**
ドイツ	839	1,146	1,146	807	948	939	1,050	986	1,428
ポーランド	562	562	702	810	810	569	569	634	634
中東ヨーロッパ	**698**	**819**	**880**	**809**	**871**	**728**	**766**	**796**	**1.015**
中国	1,076	1,032	990	865	977	1,103	727	614	600
インド	682	682	682	682	638	622	573	569	556
日本	539	560	599	667	672	677	753	829	905
アジア	**854**	**836**	**819**	**775**	**798**	**827**	**663**	**610**	**599**

資料3-5　江戸時代の日本の人口と経済成長率

展経路を、ヨーロッパ型とは異なる東アジアの独自の発展経路と位置づけた。宮嶋がつとに指摘した通り、東アジアの奇跡のいっぽうでグローバル化と新自由主義への適応が問題になりはじめた二〇世紀末の時点で見れば、この「勤勉革命」と、次章で扱う村落社会まで普及した「朱子学化」を中心とする「近世化」が進む近世後期こそが、東アジア史上でもっとも重要な分水嶺であったと考えられる。それと比べれば、アヘン戦争や日本の開港などの「西洋の衝撃とアジアの反応」を東アジア史の分水嶺と見なすこれまでの考え方は、「アジアで唯一の日本の近代化」と「他のアジア諸国の停滞・失敗」を説明するための古い図式と言わねばなるまい。ヨーロッパ史でもド・フリース（二〇二一）が、産業革命より前にヨーロッパに消費のために家族を巻き込んで勤勉に働く人々が増加したことが、資本主義経済の成立を後押ししたと主張している。

ただし、勤勉革命論にかかわる論争や批判を無視して東アジアの経済成長だけを賛美するわけにはいかない。前節で見たような乱開発や「内国植民地」、それに次章で見る政治的な権威主義と「下からの管理社会」作り、女性に過重負担を負わせるジェンダー構造などのほかにも、狭い意味の経済史に関して、いくつかの問題がある。第一は小農社会論や勤勉革命論が当てはまるのは日本だけで、人口圧力のもとで一人当たりの生産高や所得が停滞したかに見える近世末〜近代初頭の中国や朝鮮、植民地支配下で土地をもたない農業労働者の遍在など別のコースをたどったように見える東南アジア地域には適用できないのではないかという問題である。これについては次章でまとめて述べたい。

より一般的な問題として、小農社会の経済発展は必ず「正常な」資本主義化や近代化に結びつくとは限らない。恒常的な土地不足状況に対して近世後期の日本では森林の保全・回復などが一定の成果をあげたが、中国では漢族の辺境部へのとめどない移住と、しばしば短期の利潤のためにおこなわれた略奪的な自然の利用による環境破壊が進んだ（もっとも、近世後期以降の東南アジア大陸部の農業生産力を高めたデルタの拡大は、上流の森林破壊で流出した土砂が堆積したおかげかもしれない）。世界恐慌下の日本の農民が満洲での土地獲得などを夢見て軍国主義を支持した事実の背景に、農村の疲弊があったことはあまりにも有名である。

そのためマルクス主義の立場から戦前の日本でおこなわれた「日本資本主義論争」において、日本社会の後進性や国家の侵略性を強調する「講座派」は、農村社会の後進性・封建的性格をその論拠とした。またアメリカの人類学者ギアツは、同様に人口密度の高いジャワ島の農村社会が一九世紀の「強制栽培制度」などによって、農民層分解や生産性の向上と資本主義化なしに労働強化と生産の量的増加のいたちごっこ（農業インヴォリューション）が続く「貧困の共有」状態に陥ったことを指摘し（クリフォード・ギアーツ二〇〇一）、近世中国史でもこの論を応用する理解が現れたことがある。人口過密な小農社会の経済発展と、こうした行き詰まりとは紙一重の差でしかなかったろう。

それらの国・地域でも経済成長や工業化が実現した現在では、講座派理論も「貧困の共有」論も評判が悪いが、中国・北朝鮮やベトナムの社会主義革命は、マルクス主義や思想・運動やソ連軍の力だけで実現したものではない。小農社会が順調に資本主義化しない場合に、むしろ儒学を含む伝統思想の中にある平均主義を共産主義者たちが掘り起こし、社会主義革命の民衆的基盤を作り出した側面には、十分な注意が必要であろう。

第四章

東アジアの「朱子学化」「近世化」「中国化」

章の問い——東アジアの「伝統社会」はいつ完成しただろうか。それはどんな特質をもつだろうか。

一、近世的大衆化の諸相

課題4-1-1　「長い一八世紀」の東アジア諸国において、学術・教育・文化や消費生活はどのように展開しただろうか。世界の他の地域と比べた特徴を述べよ。

課題4-1-2　儒教のどんな側面が近世東アジアに普及しただろうか。それは仏教・道教など他の宗教とどう関係しあっていただろうか。考察してみよう。

近世後期（長い一八世紀）の中国（漢族社会）・朝鮮・ベトナムなど狭義の東アジア諸国では、政治・経済や社会の安定と諸国の「住み分け」のもとで、それぞれ儒教化ないし「朱子学化」が進み、また消費生活を含む世俗的・大衆的な文化が発展・普及したとされる。日本の場合は儒教・朱子学の影響の程度について論争があるが、その要素を含んだ「通俗道徳」が武士以外の民衆にも普及したし、中国で古文献や歴史の「考証学」が高度に発展したのに劣らぬ学問研究の発展も見られた（両者が帯びていた世俗性と脱政治性にも注意すべきだろう）。それが生産・経営と結びついた各種の「実学」（蘭学なども含む）と相まって、一九世紀以降の西洋近代学術の受け皿となったことは言うまでもない。なおこうした儒教の大衆化と周辺への広がりについては、清の雍正帝《ようせい》が反清思想を唱えた学者曽静《そうせい》を論破・説得するという形式で清朝の正統性を示すために編ませた以下の資料のように「蛮夷出身でも徳と礼を身につけ民の生活を安んじることができれば中華皇帝

（前略）明の嘉靖《かせい》年間以後、君臣は徳を失い、盗賊は四方に起こり、民は塗炭の苦しみを味わい、国土は安らぐことがなかった。その時の天地は、閉塞といわざるをえないだろう。本朝が立てられてからは、悪党どもを一掃し、国内は安定し、政教は興り、文明は日々盛んとなり、万民が生業を楽しみ、国内外が安らかで楽しく、子どもも老人も一生戦争を見ない。今日の天地が清寧で、あらゆる人々がその恩恵を受けている点で、明代を超越していることは、背が三尺しかない児童でもわかっていることだ。（中略）

夷狄の名は、本朝の諱むところではない。孟子は、「（聖人である）舜は東夷の人であり、文王は西夷の人である」と言っているではないか。もともとの生まれたところについて言うのは、今の人の籍貫のようなものにすぎない。いわんや満洲人はみな漢人の列に附する（漢人と同じ仲間になる）ことを恥じている。ジュンガル部は満洲人を蛮子《マンジ》（中央ユーラシアから見た中国人の意味）と呼び、満洲人はこれを聞いて、憤り恨まないものはなかった。（後略）

資料 4-1　『大義覚迷録』より（（）は引用者による）

にふさわしいではないか」とする主張が、周辺部でこれに対抗して明の文化を保存するような路線を含め、「自分も堂々と中華を称する」ベクトルを強める働きをしたことも考慮すべきだろう。

またベトナム以外の東南アジアでも、イスラームや上座仏教・カトリックがそれぞれ社会に根を下ろし、各地の独自性をもちパーリ語・アラビア語やラテン語よりはそれらの語彙・言い回しを組み込んだ土着語で表現される、宗教的・世俗的の両面での「伝統文化」が成熟していった（リード二〇二一）。日本に限らずどの国・地域でも近世後期には、識字率の向上や文化の大衆化が起こったと考えられる。狭義の東アジアと違って東南アジアは、宗教や文化・芸能の世界で書かれたテクストよりパフォーマンスや朗唱の役割が大きい世界とされるが、そこでもたとえば、今日も見るような男子は生涯に必ず出家期間をもつ習慣（子供のころの出家が多い）が広がったビルマでは、僧院での学習と村落レベルでの行政文書や契約文書作成の必要の両方の回路を通じて、識字率が劇的に向上したとされる。オランダ支配が進んだジャワ島を含めてイスラームが普及した現在のインドネシア各地では、これまたイスラーム式の寄宿学校の設立が進んだ。

東南アジアのどこでも、近現代に「国民的」とされ学校で教えられるような文芸や表演芸術の創作が進み、前の時代より大衆的に享受された。なおオランダ支配下で平和が続き、「伝統文化」の形成が進んだこの時期のジャワの状況（オランダは強制同化など一切しない一方で、イスラームには警戒的なため「ヒンドゥー・ジャワ文化」を称揚した）は、薩摩藩支配下で一方的な「日本化」とは違った方向での文化形成が進んだ近世琉球の状況と似ているように思えてならない。中国明代の小説を翻案しベトナム語の「六八体」の韻文を漢字・チューノム交じりで表記した『キム・ヴァン・キェウ（金雲翹）』、中国オペラの影響下に成立した演劇ジャンル「ハット・ボイ」のようなベトナムの事例、島嶼部のムスリムを含むラーマーヤナの影響下での戯曲や人形芝居、ジャワ・マレーの「パンジ」やそれがシャムに伝わった「イナオ」およびシャムの長編詩『クンチャーン・クンペーン』といった王朝ロマンなどなど、この時期に成立した芸術・文化の作品やジャンルが、近代に「伝統的」「国民的な」ものと見なされてゆく。史記と名乗りながら実は資治通鑑《しじつがん》型の編年体通史である『大越史記全書』が一八世紀末まで増補され続けるベトナムはじめ、シャムのポンサワダーン、ビルマのヤーザウィン、島嶼部のヒカヤットなど、「憲章時代」に原型が現れた王朝年代記ないし歴史物語の編纂伝統も（ベトナム以外では古代のインド式碑文建立の伝統に取って代わって）、各地で定着・拡大する。

なお余談だが、新しい歴史教育は「何だかわからない名前や語句を丸暗記する」ことにきわめて批判的である。名前だけ世界史の入試に頻出するベトナムのチューノム（一三〜一四世紀以来、体系化が進んだとされる）

は、その最たるものの一つだろう。これを「漢字文化圏の民族文字」として仮名のごときもの（漢文とは別のベトナム語文を書くための文字）と誤解している読者もいそうだが、実際はあくまで疑似漢字の一種であり、漢字の造字法や発音を知らないと使えない。一部は万葉仮名風に、ベトナム語（中国語と同じく単音節・声調言語である）の単語の表記に似た音の漢字を使う（例：日本語でも「もつ」と読める「没」の字で、数の「一」「ひとつ」に当たるを một を表す）。また少数だが「訓読み」もある。しかし多数は偏と旁《つくり》を組み合わせるような漢字の造字法で漢字にないベトナム語の語彙を表す、日本の「国字」に似た性格をもつ（例：「五」「いつつ」を表す𠄼は、左側が発音 năm を、右側が意味を示す）。

チューノムの用法は日本で仏典などのふりがなとしてカタカナが使われたのと同様に漢字の読みを示す役割も無視できないのだが、ひらがなが「それだけで文章を書く」より「漢字仮名交じり文」——文法的には漢文に近いものを含む大きな幅があった——に多く用いられたのと同じで、「漢字チューノム交じり」の詩文を書くのに使われた。こういう説明なしの暗記のためにチューノムを取り上げるべきではないし、逆にこうした特徴を含めた教材化（国語科とのコラボが望ましい）がなされれば、漢字そのものを捨てても「漢字文化」から決して離れられない韓国・北朝鮮やベトナムとの相互理解に資する興味深い学習が可能なはずである。

また近世後期には、儒教化ないし朱子学化など各宗教の影響も受けながら、東南アジアも含めて家族制度やジェンダー構造が男性中心で家父長制的なものに変化したことがしばしば指摘される。儒教圏の場合であれば、中国の宗族、韓国の門中と本貫、琉球の氏族、ベトナムのゾンホと日本の家などそれぞれの「伝統的」家族・親族制度がその例とされる。これらのうち、日本以外の親族集団はそれぞれ、儒教的な親族関係にもとづく葬儀や法事などの規範を実践し、族譜・家譜などと呼ばれる一族の歴史、祖先の位牌を安置し祭祀をおこなうための祠堂《しどう》、祖先祭祀や族員の福祉などに充てる共有財産（族産）などのセットを保有することを理想としていた。

これら家族・親族やジェンダー規範の実践は、後述する朱子学の「家礼書《かれいしょ》」や親孝行を勧める『二十四孝』、日本の女子教育に影響した「女訓書《じょくんしょ》」系の書物など大衆的な実用書・ハウツー本の出版によって支えられていた。同様に、前章で見た小農経済の成長が農書や博物書の編纂・刊行とセットになっていたことも日中両国だけでの現象ではなく、朝鮮でも『山林経済』（一七一五年、洪万選《ホンマンソン》）などが編まれていた。文学の世界で『三国志演義』など中国の白話体小説やその翻案が日本も含めて広く享受され、日本の読み本など大衆性をもつメディアが発展したことも今さら繰りかえす必要はないだろう。水戸藩の『大日本史』編纂など政権側の事業だけでなく、地域の歴史や伝承に関連する民間の研究も拡大した。近世を中世と比べると、「宗教」や「支配階級」に包摂・独占されていたさまざまな文化や技術が世俗化・大衆化した時代であったことは間違いない。

日本史の江戸時代論の変化、グローバルヒストリーにおける中国の位置の強調などの前で、「地縁血縁に縛られた空間的にも階層的にも移動性の低いアジアの農民」などという超歴史的イメージはもはや維持できない。生まれながらの身分による（男性の間の）差別が溶解したのは、「男子は（一部の身分・職業を除き）だれでも科挙を受験できる」中国だけではない。朝鮮・ベトナムにおいても階層としての奴婢は消滅した。ただ前者では官人身分を独占する両班《ヤンパン》層が成立するし、後者では小農の村落共同体が拡大した。その一方で各国とも、儒教原理などによる下からの管理社会形成も進んだ。

日本は確かにユニークな位置を占める。日本の武士も猛然と朱子学を勉強したが、武威（とそれによる朝廷からの権力委任）を正統性のよりどころとする武家政権と武士は、学問と礼を基盤とする儒教の根本を受け入れるわけにはいかなかったように見える。親からもらった体を傷つけないことを第一歩とする「孝」の思想が、建前上で戦闘を拒否できない武士の社会では変容せざるをえなかった点（しかしそれは外科手術を避ける傾向のある中国と比べて、外科や産科の医術の発展を容易にする作用もあった）も、「あくまで孝が忠より先」の中国と違った君主への「忠」を核とする「忠孝」道徳を浸透させた近代日本を考えるうえで注意を引く。

また他の東アジア諸国で生得的身分が解消に向かったのに対し（だからアメリカの政体を論じたトクヴィルは、貴族制や身分制をもたない社会の意味で一君万民の中国も「民主政体」と呼んだ）、近世日本では身分と結びついた「職分《しょくぶん》」の観念が、次節で述べる家の仕組みとも結びつきながら強化された点も見逃せない。ただし一七～一八世紀に vua（中国から

☞ワンポイント解説 4－1

「理気論」「性理学」など儒学を柱とする学識と、儒教式の冠婚葬祭など「孝」「礼」の実践を媒介にした家族・親族や地域の自律的なまとまり・調和を土台に国家・天下の平安（修身斉家治国平天下）が成り立つという思想が、近世東アジアで支配層・知識人だけでなく民衆のかなりの部分まで浸透したとされる。元来の儒教が「礼は庶人に下らず」と民衆を突き放していたのとは大違いである。その牽引車となった朱熹《しゅき》とその学派（垣内 2015）は、難解な形而上学とそれにもとづく科挙の受験参考書群を作り上げただけでなく、「家礼書」など冠婚葬祭のマニュアル本も編纂・普及に大成功した。親子・男女や主僕などの「分《ぶん》」にもとづく不平等を肯定する一方で万人の性が「理」をもつことを唱えた朱子の思想は、学問を重視し、またそれぞれの「分」に応じた生活向上と社会貢献を肯定したので、農民を含めて教育・文化の普及や経済活動を後押しする効果があった。こうした朱子学の思想と実践は、江戸期日本の「通俗道徳」と中国式宗族とは違った原理の家制度、村請制のもとで強い共同体性をもつムラ社会（中国村落は共同体性をもたず、地域社会は宗族や地域有力者が動かす）のように、それぞれの偏差やローカライゼーションを伴いながら、東アジア諸国の村落社会まで深く根を下ろしたとされる。

冊封された皇帝）のもとでチュア（武人の長）が実権を握り、しかも北部・中部では村請制の担い手となる村落共同体が発展したベトナムなど、日本と比較すべき要素は他の社会にも存在する。

なお日本の独自性や日中の対照性については次節以下でも述べるが、江戸時代の日本の儒教（朱子学や陽明学）について、武士の学問にせよ町人・農民の「通俗道徳」にせよ、儒教（儒学）の影響は表面だけであり、日本社会が「儒教化した」とは言えないという言説について、先に一言しておきたい。武家社会で儒者が政治の主役にはなれなかったこと、家族儀礼で最重要な葬儀・祖先祭祀が近世仏教の「葬式仏教化」と寺檀制度の定着に阻まれて「儒教式」に出来なかったことなどは事実だろう。ただその見方は、国学や神道への儒教の影響は置くとしても、東南アジアの「インド化」「中国化」をめぐるかつての議論と同じく、「これが儒教だ」という本質主義的な定義が存在することを前提に、それに合わない状況を「儒教化していない」と論じるものであるように思われる。「言語論的転回」や「構築主義」の理屈を振りかざさずとも、現在の宗教や文化の研究は、外来の文明や宗教と「完全に同じもの」が受け入れ側に根付くなどということを想定していない。

たとえば儒教はもともと支配者だけしか考えておらず、その「国」や「邑」の相続は長子相続である（別に支配地があれば次男以下を「分封」できるが）。ところが日本が長子相続原則を固定化し、中世まで女子も含めた均分相続が原則だった朝鮮半島では女子の相続権を否定したうえに男子間でもいったん長子が相続したものを次子以下に配分するような仕組みを作ったのに対し、「朱子学化」した近世中国やベトナムの家族・親族は男子均分相続を貫く。だがそれは周代の「宗法《そうほう》」を復活させようとした朱子の教えに背いている（小浜・佐々木ほか（編）二〇一七、小浜・落合（編）二〇二二など）。中国の場合の女子の祭祀からの排除も同様である。

一般に嫁や娘の仕事とされる老人のケアも、朱子学を含めた「孝」の観念では男子も含む子供の義務であり、実際に親孝行の勧めとして近世東アジアに普及した『二十四孝』では、男子が母親に孝養を尽くした話などが重要な位置を占める。それらを含めて近世中国・朝鮮半島・ベトナム・日本などで成立した「伝統的」家族・親族のすがたはそれぞれ違っており、どこにも「完全な儒教化」は存在しない。

この点では、東南アジアにおける近世以降の「イスラーム化」が参考になる。それは、先行するヒンドゥー文化や在

☞ワンポイント解説４−２

20世紀初頭に言語学者ソシュールが唱えた「言語論的転回」が、20世紀末になって歴史学を含む人文・社会系の多くの学問に影響した。ソシュールは言語はこの世に存在する事物の本質を単純に反映したものだと見なす「本質主義」と「反映論」を批判し、それぞれの言語が事物を分類したり独特の構造をもっており（例：「青」と「緑」を同じ単語で言える言語と言えない言語がある）、それが人間の認識や言語表現を規定している面を重視した。

20世紀後半以降にはそのような各社会や文化の構造を解明しようとする「構造主義」が流行し、またそれに対する批判（脱構築）を経て、人がさまざまな言説や表現を通じて共通の認識や心性のみならず社会関係（しばしば支配構造）などを創り出してしまう動きに注目する「構築主義」も一般化した。これらの思想と並行して、「客観的にひどい搾取や差別の状況があっても人々は反抗するとは限らない」「民衆が戦争や差別に加担する動きは、支配者に操られているだけという単純な考えでは理解できない」などの認識が広がり、文化・芸術や宗教・思想、そして学術・教育など政治・経済以外の諸活動がどのように支配・従属と抵抗などの政治的な動きを作ったり壊したりするかの研究が進んだ。そこで押しつけられたり解体されたりする支配や反抗の内容よりむしろ、押しつけたり解体したりする言説や表現・まなざし、それに呉越同舟状況の中で共通認識や共通の関係がどうやって人々を巻き込み動かすかのプロセスなどが注目された。史実より歴史の語られ方を問題にする「メタ・ヒストリー」（や、それらを悪用して歴史はそれぞれの国家の物語だとするような政治的主張）なども、そうした動きの一部をなす。

地の慣習と妥協・重層しながら、それぞれ可能なところでイスラーム式の生活や儀礼を実現しているに過ぎない。多宗教の併存・混交は中国・朝鮮半島でも東南アジアでも当たり前であって、イスラームもその例外ではない。社会の非イスラーム的な側面は、家族・財産面で母系制を維持しているスマトラ島のミナンカバウ人の存在や、最近まで広く見られた性的少数派への寛容性など、ジェンダー面には限らない。

ヒンドゥーが残っているバリ島はともかく、イスラーム化が進んだジャワ島のワヤン・クリッ（影絵の人形芝居）の主要な演目がラーマーヤナやマハーバーラタから取られている事実も、ここで思い出したい。だからと言って東南アジア各地の「イスラーム化」をニセ物だと否定したら、一九世紀のミナンカバウ人が「ジハード」を唱え、すすんで血みどろの戦いに赴いた事実を説明できるだろうか。そうした多様な「イスラーム化」――それは単なる「ローカライズ」による「正統」からの逸脱ではなく、むしろそれが「多様な（複数形の）イスラーム」を作り出す側面に注目するのが、現在の歴史学や地域研究である。であれば、儒教が社会の主流たりえない状況だからこそ、その中で「形式」としての仏式のもとでの孝など家族道徳の「精神」の実践に努めた闇斎学派の実践（松川二〇二〇）のような例――それは、ムスリムが多数派ではない地域での宗教実践のあり方と共通点をもたないだろうか――も含め、近世日本も「複数形の儒教化」の一部と見るべきだろう。

二、日本の「伝統的な家」

課題4-2-1　明治民法の「家制度」の前提となった「伝統的な家」とはどんなものだったか、調べてみよう（文学作品も参考になる）。

明治以降の日本は近代化を推進したが、その基礎は天皇を中心とする家族国家観にあったとされる。実際に国民の暮らしの単位とされた「家制度」は、明治以来、伝統的美徳として称揚する側と近代化を阻む桎梏として批判する側の両方から、文学やドラマを含めて盛んに論じられてきた。だが現在では、その維持を主張する保守派を含めて、それが実際にどんなものであったのかの実感としての知識は失われているので、この節でやや詳しく、東アジアの他の家族・親族のしくみとの比較をまじえて解説しておきたい（服藤（監修）二〇一一、比較家族史学会（監修）二〇一六ほか参照）。

和語のイエや漢字の家という概念は日本列島に古代から存在したが、そこではもともとの双系的家族・親族制度を反映して家族は非安定的であり、その中で家長の妻である「家刀自《とじ》」の役割も大きかった。律令制下では女官の地位は男性官僚より劣位に置かれたが――ただし中国の宦官の仕事はすべて女官が担当――、七～八世紀の大王家は、大王位をその内部で世襲するためとはいえ、女帝が可能な集団だった。

近代において「伝統的」と見なされた家のシステム（日本型の家）は、中世に始まったものと見なすのが一般的である。それは、平安中期以降における律令制の機能不全と「官司請負制」ないし「家職《かしょく》請負制」の一般化とともに支配層の中で成立したと考えられる。古代に家よりも決定的な意味を帯びていた氏（父系以外のつながりも許容した大規模でゆるやかな集団）とも補完しあいながら、小規模で直系的な「門流」ないし「家」の基本的なまとまりが出現し、「法律の家」「陰陽道《おんみょうどう》の家」「和歌の家」など国家に必要な機能を、一定の利権（荘園など）と引き換えに世襲的に請け負わせるシステムへの移行が、院政期までに起こったのである。「天皇家」「摂関家」の成立がその頂点に来た（「藤原氏」が「五摂家」などより小さい単位に分かれていったことも思い出せ）。

そうした中で、軍事・警察機能を担う「武家」も出現した。中央の軍事貴族（しばしば地方に下向《げこう》し在地化した）と地方で武力をもち治安維持と農耕・開発の請負に当たる勢力が手を結んで「武士団」を成立させた。後者の地方勢力と、歓楽街でビジネスも営む現代の暴力団とか、自力で武装したり私兵を抱えるフロンティア社会の農民・有力者との対比は荒唐無稽ではなかろう。武士団内部でも、当初の惣領《そうりょう》制による大きな族の結合の中から、徐々に長子相続制をもつ個々の直系の家が析出してくる。軍役負担の障碍となりかねない女子の相続はしだいに一代限りの「一期分《いちごぶん》」とされ、鎌倉後期〜南北朝期にはそれも次男以下の相続権とともに否定される。傍系を排除した単独相続制の確立という意味では、貴族や上層農民を含めて、一四〜一五世紀を家成立の第二の画期と見なすこともよくある。

なお脱線だが、財政危機により「大きな政府」が維持できなくなると請負（アウトソーシングというカタカナ語もある）に頼るというのは、二〇世紀末以降の日本や世界でも一般化したように、歴史上でしばしば現れる現象である。ただし定期的に請負主体が交替する通常のしくみだと、現代日本のいたるところで起こっているように、仕事や技術の継続性が保証されないというマイナス面が顕在化する。現代の世襲の政治家や財界人が出現しているが、家で代々同じ仕事をするというのはそうした請負制の不安定性を解決する有力な選択肢であろう。ただ、それが社会全体に広がった近世日本の状況は、世界的に見てもきわめてユニークなものだろう。

近世日本では、武士・町人・農民などそれぞれの身分や藩・町・村などを構成する家々が、幕府・領主や町・

村などの地域に対して一定の利権や保護と引き換えに請け負った職業・業務を、「家役《かやく》」として世襲的に果たす仕組みが社会全体に広がった。そこでは檀家《だんか》・氏子《うじこ》などの把握を通じてキリシタン排除という国家政策の一端を担う僧侶や神官の職ですら、家で代々相続するものになる（当然、僧侶の結婚も当たり前になる）。

それは一般化すると、以下のような特徴をもっていた。原則として長子相続を行う三世代の直系家族が基本型と考えられていた。直系家族とは、傍系を含む「複合家族」たとえば息子たちがそれぞれ結婚しても全員が両親との同居を続けることが理想とされる中国の形態などと違い、親世代の次の世代では「跡取り夫婦」しか含まない家族形態を指す。三世代の直系家族なら両親夫婦、跡取り息子夫婦、その未婚の子どもたちが標準的構成員で、そこに跡取り息子の未婚の弟妹や「出戻り」の姉妹などが含まれることもあったろう。通常の漢文では「嫡子」といえば「庶子」に対立する概念で「正妻が産んだ子供たち」を意味するが、日本では慣習的に「跡取りの男子」を意味する点も、長子単独相続を反映している。ただし社会経済条件により次三男などに財産を与えて「分家」を興させることは可能で、本家・分家間の同族結合も大事だった。

また日本の家は夫方居住（嫁入り）や夫による妻の財産管理などの原則において他の東アジア諸国の「伝統的」形態と似ているが、父親が生前に家督《かとく》を跡取りの子供に相続させて「隠居」する慣習がある点もユニークである。家長の妻は家政・家産への強い管理権をもち、後継ぎを生んだ母、家長の後家（ヨメに対するシュウトメ）は高い地位をもつ。亡き家父長の後家が権威をもつのは家父長権力の反映とも言え、東アジアに色々なパターンがあるが、中国で子供たちの嫡母つまり父の正妻の権威が絶対であるのに対し、日本やベトナムでは跡継ぎの生母が正妻でなくても力を持ちうる。

日本近世の家の大きな特徴は、家業・家産や家名（苗字《みょうじ》もしくは屋号や、歌舞伎俳優のように代々襲名する名跡）との結びつきが強い点にある。その三者をまとめた所有・指揮権すなわち「家督」（家長権）は、息子がいなければ（ときには息子が病気や無能な場合も）養子縁組で跡取りをさせるが、養子は娘の夫（婿養子）にせよその他の養子にせよ、血縁のない人間でもかまわない。苗字（源平藤橘などの「姓」とは別の、家の名称）についてはどの形態の養子でも改姓が可能である（女帝は可能だが父系継承が絶対なため婿養子が不可能な天皇家――そこには姓も苗字もない――は例外）。なお家名について、農工商などの身分でも「屋号」をもつだけでなく、内部では苗字を普通に用いていたとされる。

非血縁の養子や苗字改変が可能な点で、日本の家は、中国の家族・宗族とは大きく違っていた。中国の家族・宗族は祖先祭祀がもっとも基本的な役割であり（最重要な観念は「孝」）、父系による気の継承を絶対視しているため、父の姓を変えられない。「同姓不婚」「異姓不養」の原則があり、建前上では養子になれるのは同一父系集団内でしかも養父の一世代下の男子に限られる（ただし実態は色々あるが）。その影響下に発達した朝鮮半島の門中、ベトナムのゾンホなどの親族集団と比べると、日本の家は非父系制的な要素が残っているとも言え、落合恵美子は後述する結婚形態の柔軟性とあわせ、日本をタイなどと似た「双系のアジア」の一例として、中国・インドなどの「父系のアジア」と区別している（落合（編）二〇一三ほか）。また、血縁団体ないし祖先祭祀組織というより家業・家職などの請負制を担う経営体の性格をもつ点も、学界でつとに重視されてきた。本家・分家関係や姻族を含む親戚づきあいの範囲は比較的狭く、傍系親族との近親婚には寛容な点も、近世中国（華中・華南）の大規模な宗族などとは違っている。

経営体としての家は、しばしば「株式」――近世の「株仲間」や現代の大相撲の「年寄株」から類推できるようなもの――だと認識されていた。商家で奉公人に「のれん分け」を許すことができるのも、家が経営

項目	東北日本	中央日本	西南日本 （東シナ海沿岸部）
主な家族形態	直系家族	直系または核家族	直系、核、合同家族
相続パターン	単独相続	単独／不平等相続	単独／平等相続
継承パターン	長男子／長子継承	長男子継承	長男子／末男子相続
世帯規模	大	小	大
初婚年齢	低	高	高
第一子出産年齢	低	高	中
出産数	少	多	多
最終出産年齢	低	高	高
婚外子	少	少	多
女子の社会的地位	低	高	高
奉公経験	少	多	少
奉公開始の時期	結婚後	結婚前	結婚前
都市化	低	高	低
出生制限	高	低	低
人口趨勢	減少	停滞	増大

資料 4-2　江戸時代の家族・世帯構造の地域性

体だからである。それは通常は血縁によって継承されるが、株式＝経営体だから家名や家号が必要になる。当然それは、夫婦など家族が共通に名乗らねばならない（夫婦同姓の一つの歴史的前提）。また、破産したり断絶して「家役」が果たせなくなると村や藩も連帯責任を問われるから、無能な主君や家の当主は藩士や村人が相談して強制的に隠居させる、一部の職種や地域では、跡継ぎがなく絶えた家の株を、無関係な他人が金銭によって入手しその家を再興するということも可能だった。このような株式の原型は、中世の請負単位としての「職《しき》」に求められる。生業を背負った株式としての家を構成要素とする近世後期日本農村の仕組み、非農業民を包摂する方法を含めたその構造は、近世西インド村落での「ワタン制」との共通点をもつ（小川二〇一六）。

近代に「カースト制」と理解されるインドにむしろ似た、身分と家業の世襲が根付いた近世日本のこうした仕組み（職分という観念も強かった）は、近世中国やベトナムで世襲的身分制が解消し家ごとの職業の世襲という観念も弱まっているのと比べると、大きく違った独特なものだった。次章で見るように、明治〜昭和期の日本が東アジアの経済成長の先頭を切ることができた背景にも、この「経営体としての家」の存在があったと見るのが自然である。

ただし近世日本はすべてが多様な中世日本を克服しきれなかったという事実が、政治・社会などあらゆる面で指摘される。経営体の性格も、むしろ多様さを後押しした面がある。コンピューターの発達が可能にした膨大なデータ処理にもとづく歴史人口学が提供する、家族や婚姻に関する上の表もそれを雄弁に物語る。それはしばしば、「伝統的な家」に関するステレオタイプのイメージを覆す（落合（編）二〇〇六も要参照）。

前章で見た勤勉革命とも関わって、妻は単なる補助労働力というケースばかりではなく、共同経営者と見なせるケースの両方があったろう。江戸中期までは妻が夫と別に、実家の寺の檀家であり続けることも可能だった。子のない妻が冷遇される一方で、しゅうとめや「後家」が強い発言力をもった事実は、母の息子に対する強い影響力も表す。全体に結婚率は高いが、長男以外の男性は例外だった。新田開発や新しい職業に就く、さもなければ養子に入るなどの機会がなければ財産をもてなかったためである。また明治民法で離婚率が急低下するまで続いた結婚初期の高い離婚率とその後の高い再婚率は、ジェンダーより家の存続が優先した状況をも示唆しており、すべて男性本位とは言えない。「男もつらい」のである。

地方差について、大づかみには東北日本（福島県二本松地域など）、中部日本（濃尾平野など）、九州の東シナ海沿岸部（天草ほか）の三区分がおこなわれる。相続は地域により、末子相続や長女を優先する「姉家《あねか》督《とく》」も残存していた。とりわけ中国に近い大家族や分割相続、それに若者組と夜這《よば》いの風習などを背景とする「第一子誕生後の結婚」など、東シナ海沿海地域の独自性は大きい。全体に日本の「伝統的な家」のイメージは、東北日本のそれを強く反映しており、しかし江戸末期の資料からは全国がゆるやかにその方向に向かっている事実が見出される。

早婚で子だくさん（多産多死）の大家族というイメージは、歴史人口学の土台が作られた英仏などヨーロッパ社会の研究でもとっくに否定されているのだが、日本の場合、結婚年齢は東北日本では低いが中央日本では高い。それは次三男や娘が奉公に出る割合と、結婚前に奉公に出るか結婚後に奉公ないし出稼ぎに行くかの違いに関係する。出生率は明治以降のように高くはない。堕胎・嬰児殺しや捨て子以前に流産・死産が多い。近代医学以前の世界では一般に病気やケガで死ぬことが珍しくなかったが、とりわけ妊娠・出産に関連して女性が死んだり子どもを産めなくなるケースは多かった（夫婦の死別と再婚が多いことの原因）。勤勉革命が女性の労働時間を間違いなく増やしたことも、出生率にマイナスに働いたろう。

☞ワンポイント解説４−３

二本松藩領だった陸奥国安達《あだち》郡仁《に》井田《いだ》村の人別改帳は、1720年から1870年までの151年間のうち146年分が残存しており、151年間全体で349戸、4075人（延べで数えれば1万5千戸、6万人）が記録されている。明らかに天明の大飢饉などの影響で18世紀後半から1820年まで人口が減少するが、その後回復する。ただし世帯数は落ち込んだままで、一貫して4人程度だった一世帯当たりの人口は6.0人まで拡大する。記録された349戸のうち100年以上続いたのは18％（63戸）に過ぎず、50年続かない世帯が60％を占めた。ただし1820年代以降には50年以上続く世帯が増え、1860年代には84％に達している。分家の際の家産分割、その他の理由を含む家ごとの持ち高の減少例は、19世紀に顕著に少なくなっている。18世紀一杯は合計で約半数を占めた単身世帯と核家族世帯は、19世紀に減少し、1860年代には直系家族が7割を占める。18世紀に6割だった長男が家を継ぐ率が19世紀に8割に上る一方で、次男が養子に出る率が4割から7割に上昇する。その他、「日本の伝統的な家」の特徴と見なされるものの多くが、18世紀末の危機以降に拡大・定着していることがわかる（平井晶子2015ほか）。

ただし江戸後期の日本では、賀川流《かがわりゅう》産科術などで妊産婦死亡率が低下する一方、天明の飢饉による大きな人口減少からの立ち直りの過程で各藩・地域が移民誘致と同時に推進した出産管理など、政治・社会的要因も影響している。いずれにしても、三世代同居の直系家族（しかも中世の「家の子・郎党《ろうどう》」のような血縁外だが家族の一部と見なされる住み込みの隷属民をあまり含まない）が全国で一般化するのは江戸後期のことで、しかも核家族もなお多いし、下層では結婚できない男女や独居老人も普通だった。破産だけでなく跡継ぎが生まれない（または幼いときに死んだ）ための絶家も珍しくなかった。

三、近世化論争と日中間の「小分岐」？

課題4―3―1　日本の夫婦同姓、中国の夫婦別姓はそれぞれいつからそうなっているか、また何を意味するのだろうか。

課題4―3―2　現代東アジアの権威主義政権を正当化する論理（日本のそれを含む）には、どんな点で儒教や朱子学の影響が見られるだろうか。

近世を扱う章の締めくくりを兼ねて、東アジアの「近世化」および、その時代の日中間の差異の顕在化（韓国・朝鮮や琉球、ベトナムを含めた場合の多様性）に関する論争を紹介しておきたい。どちらも近現代の日本や東アジアの道程を理解するのに有益なはずである。

前章までで取り上げた世界的な近世（初期近代）の歴史への注目とそれによる歴史学の時代区分の方法論

的見直しの要請を背景として、二〇〇六年の『歴史学研究』誌八二一・八二二号に「「近世化」を考える」という特集が掲載された（宮嶋二〇〇六、岸本二〇〇六ほか）。これを皮切りに一連の雑誌や単行本において、東アジアの「近世化」をめぐる論争が展開された。その主役の一人だった宮嶋博史は、前章で取り上げた小農社会論において朱子学の影響を一八世紀以降の日朝中各国史の共通の基盤と見なしたが、この近世化論争においては、中朝両国と違って本格的に朱子学（生得的身分差を否定し、武力より文明を優越させるなどの点で「近代」を先取りした思想。いわば「儒教的近代化としての近世化」を担う）を受け入れなかったからこそ、近代日本は植民地支配を含む西洋式・帝国主義的な近代化の道を歩むことになったのだと述べて、激しい論争を巻き起こした（宮嶋二〇一〇ほか）。たとえば東アジア近世を論じる多くの著作をもつ岸本美緒は、宮嶋説が西洋だけでない複数の近代を認めるかどうかに論理的不整合があり、結局欧米的近代を基準に中朝を先進、日本を後進と位置づけることになっている点を、きびしく批判した（岸本二〇二一も見よ）。

なお宮嶋説に関連して、身分制なき一君万民体制（政治的には権威主義だが経済的には自由。しかし全体が家父長制的枠組みをもつ）を築いた明治維新にこそ、武家政権がなしえなかった朱子学の理想の実現を見る小島毅（二〇一七ほか）ら思想史学者の研究も思い出されてよいだろう。こうした近代の朱子学化は単なる過去の話でなく、次章以下でも見るように、社会主義と自由資本主義を問わない現代東アジア諸政権の権威主義的傾向の思想的背景としても軽視できないはずである。それも含めて、近世とくに近世後期の思想や社会・文化を軸に東アジア――儒教圏以外の東南アジアも同じである――の近現代史をとらえ直す発想は、「変わらぬ（眠り込んだ）伝統社会」の「ウエスタンインパクト（西洋の衝撃）による完全な断絶」と「西洋近代文明への対応・摂取のあり方や巧拙」ですべてを説明する従来の近現代史よりずっとダイナミックな歴史像を、われわれに提供してくれるはずである。

近世化論争は、「中国ないし中華世界を鏡として日本を見直す」比較史とも多くの点で重なり合う（趙・須田（編）二〇一一なども参照）。そこでは明治日本の近代化から「東アジアの奇蹟」まで一連の現象の土台をなした勤勉革命などの社会経済的条件、権威主義的な国家のもとでの教育と礼を通じた自律の重視（知識の拡大と知識人の公論の役割増大もともなう）など、朱子学ないし儒教の多様な思想・文化的影響を含む巨視的な共通点の一方で、さまざまな差異が確かに観察され、それが明治維新と洋務運動など一九世紀〜二〇世紀の「狭義の近代」での差異をもたらしただけなのか、それともより長期的・根源的な類型差を表現しているのかをめぐって論争が続く。

たとえば日本人が一部の知識人を除いてイデオロギーで動かないことは、たしかに「国民性」であるようにも思われる。科挙官僚制のような支えをもたない江戸幕府の秩序は、「武威」や朝廷からの権力委任などの理論と、「取り潰し」などの暴力の恐怖（その土台になるべき武家諸法度は諸大名に江戸城中で「申し渡された」だけで、文章が公表・配布されてはいない。そこで大名は忖度を強制される）で支えられていただけでない。大名・旗本が江戸城で将軍にお目見えする際の、意味は一部の者にしかわからないが格式ごとに違った細かな身なりや作法（「忠臣蔵」はそれをめぐる事件を題材にしている）の遵守によって再生産されるという構造をもっていた（渡辺浩二〇二一）。

君主の参加する儀式が秩序を生み出し再生産するという「劇場国家論」（ギアツ一九九〇）は世界に広く当てはまるものだが、東アジアでは一般に儒教的世界観（の色々な部分）がそれを支えているのに対し、日本の場合は中心に何もなく、ただ細かな作法の集合が関係を再生産しているとすれば、それはユニークと言わざるを得ない。古くから言われてきた「世間」が何より大事な日本、最近でいう「仲間内で空気を読み合う日本」も、この延長上で理解できそうである。中国やベトナムでは「だれとコネがあるか」の方が大事なのに対し、日本で「どの村や藩（近代では会社や大学）の成員であるか」が個々人の社会的位置の指標としてきわめて重視されるとよく言われるが、家・村など「とりあえず明確な所属のある社会」が、中心は空っぽでも仲間意識を再生産できる構造につながっているのだろうか。現代世界ではどの国・地域にも「いじめ」があるとされるが、日本の場合にいじめに加わる理由が「そうしないと自分がいじめられるから」であるケースが少なくない。つまり「仲間外れになりたくない」意識そのものがいじめを再生産することを示すとすれば、それはこの江戸時代の秩序の延長上でとらえられないだろうか。これらを「近世化論争」で論じられた法文化の違いととらえる視点も、現代に及ぶアクチュアリティをもつだろう。

だがそれでは、中世の「下剋上が当然」「生存のために二股かけることが必然」という「もうひとつの日本の伝統」はどうして消え去ったのだろうか。著者が授業でよく持ち出したそのような伝統の例として、「大坂の陣で最後まで家康を苦しめた真田幸村（信繁）の長兄はどういう人か知っていますか」というのがある。長兄信之（信幸）は本多忠勝（家康との関係を知らない人は調べてみよう）の娘と結婚し、関ヶ原以来徳川方に加わって「徳川第一の武将」と呼ばれた。真田家はかれのおかげで生き残り（松代《まつしろ》藩）、幕末にそこから佐久間象山《しょうざん》などが出る。また、自己救済が過度に強調されお上の力にすがるとバッシングを受けたとされる日本の村社会（現代の生活保護へのバッシングと共通？）と、近代的生存権の主張などとは違っても国家の救済制度の利用（ただ乗り）が当たり前の中国との違い（木下二〇一七）はなぜ生じたのだろうか。いずれにしても江戸日本のこの権力・社会構造のもとでは、武士本来の英雄豪傑としての活躍（『三国志演義』『水滸伝』

などに描かれるような）が不可能であるうえに、知識人の公論が政治に影響を与えるべきだという儒教理念（や議会政治の知識を含む蘭学）もフルに実現することは不可能だった。「家格」の壁に阻まれどの方向にも自分たちの実力や才能・識見をほとんど実現しえない下級武士たちの憤激・絶望こそが、決定的なきっかけとなる事件や思想などが不在の中で、支配身分の集団的自殺に等しい明治維新という革命の主因となったという見方（三谷二〇一二、渡辺二〇二〇）は魅力的であろう。なお開港と攘夷の対立が決定的な思想対立（倒幕の思想的背景）でないことは、薩長の「転向」から「復古」と「近代化」を両立させようとした明治政府・社会まで、証拠に事欠かない。

こうした近世東アジアでは、朝鮮半島や琉球、ベトナムなどの位置も、安易に「小中華（中国化）の道を歩んだ」とか「日中の中間形態」などと見ることを許さない多様な展開を見せる。たとえば中国の父系宗族（朝鮮の門中、ベトナムのゾンホ）の一般化・大規模化と日本における直系三世代家族の普遍化のコントラストも、そこに置いて見るとより立体的に理解できる。繰り返しになるが、固定的身分制や制度としての中間団体（例：村落共同体）が存在しない実力社会で均分相続するため、個々の家族や家産は永続しない中国（商売替えは当たり前）では、宗族が財産や祖先祭祀、社会機能の永続の単位になるのに対し、近世日本はむしろ藩や村などの中間団体と「職分」「家」を固定化させた。もっとも朝鮮では両班を除き「家業」は存在せず、村も固定的ではないが、財産は長男に優位な分割相続であり次男以下は結婚に伴ってよそに移るので両親と長男の家族の三世代直系家族が一般化するなど、日本と似た面もある。

ベトナムの北部・中部では、近世に村請制を基盤とする村落共同体が発展した点は日本とパラレルなのだが、「職分」の観念はやはり薄く、永続性は村そのものとゾンホ（父系親族集団）に求めることが多い。ただ

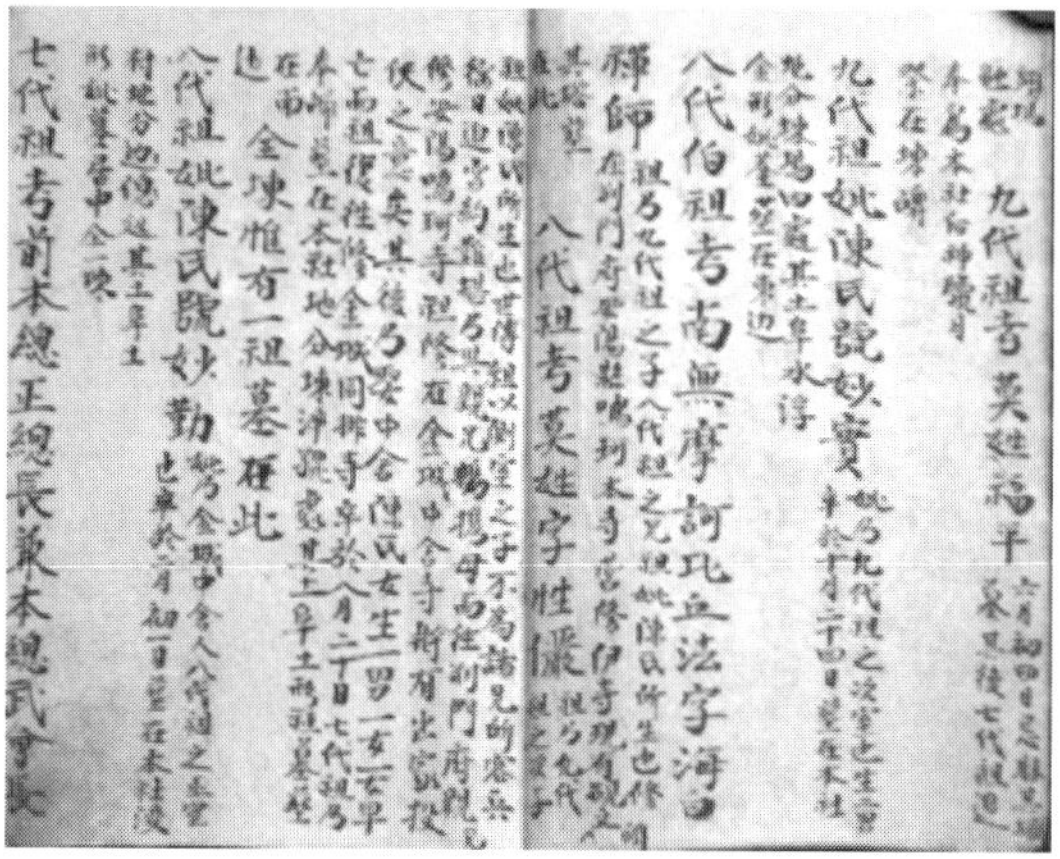

資料 4-3　ベトナムの家譜

しゾンホは中国より小規模で世代数も少なく、しかも東南アジア的な双系性やその一方での長男重視の古い儒教などの多様性が著しい。息子夫婦は結婚後しばらくするとそれぞれ独立する習慣があり、両親側から見るとおそらく「三世代の直系家族」として過ごす期間が短くない。ただし日本でも見られるように、末子が老親のもとに残る形態が珍しくない。同姓不婚の観念はあるが、ある有力男性の子どもが、父の姉妹が他家に嫁入りして産んだ子どもと結婚するようなイトコ婚はしばしば見られ、そのたびに妻は持参財を持って夫方に移り住む。結果として一族（ゾンホ）全体というより特定の直系家族同士で財産のキャッチボールが続くような事態も目立つ。

二〇世紀前半に編まれたらしき上の家譜は、初代→二代→三代…という常識的な代数でなく、一族の最初の夫妻を「九代祖」、その次の代を「八代祖」「七代祖」と、家譜作成者から遡った代数で数えている。こうした書式をもつ家譜が散見することから、ベトナムのゾンホは中国的なリニージ（父系出自集団）というより本人から見た父方親族の範囲（父方キンドレッド）を指すという見方がある。またベトナムの家譜には、正妻以外の後妻や妾、男性成員の姉妹、それに妻方・母方の外族などの情報も比較的多い。それらの多くは双系的な傾向を示すが、中には長男を他の男子より優先する記載形態をもつ家譜もあり、それは朱子学以前の古い儒教の影響を残しているのかもしれない。いずれにしても、ジェンダーや族のあり方が近世中国のそれとはかなり違っていたことがうかがわれるだろう（桃木二〇二一b）。

経済面での勤勉革命が日本で典型的に進展した背景として、儒教的なジェンダー規範が明清中国のような「女性隔離」につながらなかった点を重視すべきかもしれない。中国でもともと少数の支配者にしかできなかった纏足《てんそく》が近世に地域有力者などの間にも一種のステイタスシンボルとして広まったとされるのは、近世的大衆化の一コマだが、それは男性間の身分差を溶解させる一方で、生産や経済活動への女性の参画を織物など特定の分野に限定し、ジェンダーの垣根を絶対化する流れと符節を合わせた動きだったろう。

「近世化論争」において儒教化が「西洋近代」と共通する変化をもたらした点が論じられたが、生得的身分差をなくす一方でジェンダー差を絶対化し女性を家族の中に閉じ込めた点は、フランス革命で形成された市民社会などと見事に一致していないか（小浜・佐々木ほか（編）二〇一七）。これに対し日本では、民衆の間で混浴などが当たり前だったというだけでなく、有名な儒者たちでも儒教思想の根幹の一つである「男女（夫婦）の別」という観念が理解できなかったことが、政治思想史の渡辺浩（二〇二一）によって指摘されている。そこで女性も経済力を持ちえた点（だから実態として女性側からの離婚や性的関係の解消も可能だった点）などを、だから日本は中国より女性の「地位」が高かったという話に短絡することの危険性は、前節で述べた女性の過重労働や妊娠・出産にともなう危険性の大きさから見て明らかではあるが。

また、日本で藩などの権力が米年貢《ねんぐ》に依存してその他の生産物を正規の課税対象にしなかったため、農民に対する実効税率が二〇〜三〇％台にとどまったとはいえ、それは胥吏《しょり》（実務を担う無給の下役人）や地域ボス・地主などの懐に入る部分が大きい反面で正規の税額は二〜三％にとどまったとされる清朝中国とは桁違いの徴税率だった。清朝の場合、人口増加は「盛世《せいせい》」の証拠として歓迎せざるをえないが、それに合わせて官僚機構を拡大すると漢人官僚だけが増加することになるので、その方向には進みにくかった。いきおい地方の問題は中央から派遣された少数の地方官が、胥吏と地域有力者やさまざまな請負人・仲介業者（経済面でも大きな役割を果たした）の協力をえながら処理・解決することになり、「国家と社会の遊離」が進む。ただし繰り返すが、江南や東南中国の地主は土地を持ち小作人から地代を集めていても、大規模な生産・経営をおこなっているわけではない。そして国家の管理が弱い中国には「したたかな民衆」が出現する。

日本の藩権力の方は、村や庄屋などの村役人、商人等との交渉・協力をへたうえであるが、農村社会の人的・物的な基盤維持から特産品生産までのいろいろなチャンネルを通じて経済社会に介入し、財政再建だけでなく資本主義化に必要な「本源的蓄積」や近代国家の条件である「財政軍事国家」の前提条件を作り出した。結果として西南日本の経済発展と人口成長はやがて「西南雄藩」の登場を可能にしたし、浅間山の大噴火を引き金とする天明の大飢饉の後に東北諸藩がとった他地域からの人口誘致を含む農村復興政策なども、地域社会に大きな意味をもっていた。近世インドの一部で高い徴税率と国家財政の拡大など類似の現象が見られたのに対し、中国では災害時の救済などを別とすると中央財政の規模は人口に比例して拡大せず、国家はレッセフェールを貫くのが原則だった。各国の住み分けが定着した近世後期に、ポメランツの「大分岐」と並行して日中間の「小分岐」が起こったという見方も、大いに検討に値するものではないだろうか。

この問題は、黒田明伸の壮大な理論（黒田二〇二〇ほか）なども受けつつ展開した、新しい貨幣史の研究ともつながっているだろう。もともと貨幣には交換や決済、徴税や給与支給の媒体、財貨やサービスの価値をあらわす共通の尺度、富の蓄蔵の手段などいろいろな機能があり、近代以前にはそれが同一の貨幣に体現されているとは限らなかった。とくに黒田が重視したのは①遠隔地取り引きに使われる貨幣と狭い地域内で使われる貨幣の区別、②価値の基準としての貨幣と交換手段に特化した貨幣との区別、などであった。どちらも貨幣には違いないので①の二者同士、②の二者同士とも交換は可能なのだが、それらの交換レートは納税・給与や取引の品目ごとに異なるのが普通だった。遠隔地決済（信用できないよそ者から金銭を受け取るのだから貨幣自体が十分な価値をもつ必要がある）や価値基準は、銀とか良質の銅銭などが必要であるのに対し、地域内貨幣や交換手段のみの貨幣の場合、一定範囲内での「信用」が成立していれば、貨幣そのものは質の悪い銅銭とかインド洋世界に広がった貝貨《ばいか》など何でもＯＫだった。

ところが「一七世紀の危機」ののちの西欧や日本では、一国単位で閉じた貨幣体系が成立し、その内部では交換レートも一本化する。アダム・スミス的な意味での経済学の前提となる「ナショナルな市場」の、貨幣面での前提がこうして成立したのだが、中国や南アジアでは多様な貨幣の存在と交換レートが維持された。一見するとそれは近代化できないルースで遅れた状況なのだが、しかしよく見るとそれは、ナショナルな貨幣制度のもとで対外収支の赤字や国際的な貨幣価値の変動が地域経済を直撃するのに対し、そのようなショックが地域経済に及ぶのを緩和する機能をもっている。二一世紀の現時点で一方的に徳川日本の先進性を見るだけでよいかどうかは、興味深い討論課題ではなかろうか。

第五章

東アジアの近代：ナショナリズムと開発

章の問い——幕末明治以降の日本の近代化から二〇世紀末の「東アジアの奇跡」までの東アジア（ここでは広義の東アジア）における近代化の歴史について、各段階の共通点と段階ごとの差異をまとめよ。

一、国民国家建設と帝国・植民地・戦争、そして家族

課題5―1―1　日本以外の「近代化に失敗した」とされる東アジア諸国ですら一九世紀末〜二〇世紀初頭に「近代化の優等生」だったと言える要素を、思想面を中心に探せ。

一九世紀のアジアは「自由貿易の強制」など欧米の強烈な圧力にさらされた。

上の資料の前半で示されたアメリカ側の態度は、第一章で紹介したモンゴル帝国のクビライが日本に送った手紙と見事に一致していないだろうか。どちらも相手を最初から植民地にしようなどとは考えていない（その点で現代日本人に大きな誤解がある）。しかし力を背景に「世界の普遍の原則」を押しつけようとしている。歴史の段階の違いを超えて人間のすることの共通点（数学にたとえれば大きさが違う図形同士の相似性）を見出すのも、歴史学の方法の一つである。

西アジア・南アジアやアフリカなどの例と比べたとき、こうした圧力に

> 友好的精神において差し出され、打撃を与える力を示すエネルギーと、抱擁しようという構えの双方をもって突き出された米国の力強い握手が、日本の孤立を揺るがし、外の世界を感得せしめた。日本はその利己的な排外の原則を自ら破り、交誼の普遍の法に従ったのである。

資料5-1　ペリーの日本遠征の記録

直面した東アジアの近代は、どんな地域的特徴をもっていただろうか。「明治維新の成功と洋務運動・変法運動（やオスマン帝国の改革）の失敗」「帝国化する日本と無能で腐敗した中華民国」など古い日中比較論やそれと土俵を共有する毛沢東史観ではなく、清末・民国期の経済・社会の近代化や国民国家形成における達成――日本の征服を許さなかったのも、それらの成果であった――をそれなりに評価する現在の学界の水準を踏まえて考えてみたい。「朱子学に凝り固まって近代化を拒否し自滅した朝鮮（やベトナム）」という像も同様に、見直しが避けられない。

第一のポイントは、近代ナショナリズムおよび帝国主義の優等生としての東アジア諸国という点である。漢字文化圏各国における社会進化論の熱心な受容は、人々の間に文明度に基づく優劣を見出し「進んだ者や豊かな者が偉い」と考える点で、華夷思想と親和的だろう。雍正帝らの努力は華夷の差別そのものを否定してはおらず、朱子学は大義名分論などで華夷思想を強化する役割をもっていたとされる。西アジアや南アジアだと宗教的に違ったベクトルが働きそうだが、狭義の東アジアでは知識人は社会進化論を素直に受け入れて「遅れた自分たちは亡びるのではないか」という危機感を共有し（ベトナムのファン・ボイ・チャウなどもその列に加わっていた）、競争で近代化に乗り出したのではなかったか。孫文や宮崎滔天《とうてん》に限らずさまざまな「アジア主義」が唱えられたといっても、地域の大勢は「脱亜入欧の競争」に向かっていなかったか。

そして近世の知と文化や消費文化の大衆化の結果として、知識人の思想や行動は「伝統に縛られた民衆とは無縁でそこには届かない」というものでもなかった。教育その他のチャンネルを通じた「国民形成」が「亡国」や「滅種」を回避する不可欠の道だという理解も、容易に共有された。西洋ブルジョワの近代家族モデルの影響下での「主婦化」のベクトルと「良妻賢母」（賢妻良母・賢母良妻）や「母性」の強調などもその流れの中でおこなわれ、「新中間層」など一部では二〇世紀前半に（自身は家族を構成できない住み込みの女中などに支えられて）核家族を生み出したが、日本の「家制度」を維持する文脈でそれらの思想が強調されることも多かった。それらの土台に朱子学があったと論じるのは、こじつけではないだろう。

共有された華夷意識はまた、オリエンタリズムの受容と内面化を促進した。ポストコロニアル批評（シリーズの他の巻にも見える）の一環として有名になったサイードの著作『オリエンタリズム』（原著一九七八年）によれば、近代西洋で発達したオリエンタリズム（学術界の「東洋学」と、文化や観光の「東洋趣味」の両方を指す）は東洋に対する客観的認識のために存在したのではなく、オクシデン

☞ワンポイント解説 5-1

近代化・西洋化を進めた明治日本は、天皇を国民全体の父とする家族国家であった（国民は「天皇陛下の赤子《せきし》」）。その土台となる個々の家について、江戸時代に存在した多様性が制度的に否定され、夫婦同姓（同氏）の強制や「戸籍」の作成など現在まで続く画一的な仕組みが実現したのは、「伝統的」と思われた家族制度をヨーロッパ式「近代民法」の中に埋め込もうとした明治民法が「家制度」を定めた後であった（家族・相続などの部分は 1898 年公布）。職業選択や移動の自由が認められたことで経営組織としての家の性格が公的には否定される一方で、私的所有権の排他性を根本原理とする近代民法ゆえに、家産は戸主《こしゅ》個人の所有物になった。戸主は同居していない子弟などを含む家の成員の居住・結婚・財産相続や家からの追放（親の意思に従わない子供の「勘当《かんどう》」など）に関する決定権を有する一方、勤めを果たせない近世の家長に親戚や村人が干渉し、離婚させたり家督を奪ったような「廃戸主権」は否定され、近代的な家父長権が確立した。結果として離婚が激減したことは、経済発展や医学の進歩と相まって人口を急増させた。

このように、近代家族モデルの影響下でどの国でも「伝統的」家族形態の再編が行われ、多様であった女性の役割は、一部での「社会進出」の動きはあるものの、家庭内で妻・母として家族と国家を支える役割が強調された。近代的女子教育もそちらのベクトルをもつものが多かった。

ト（西洋）のオリエントに対する優越を確認する道具であった。それはたとえば、非西洋世界の人々の人骨を収集して人種間の優越や発展段階差を明らかにしようとする人類学などとも地続きだった。

明治日本でも近代中国でも、それらの学問や思想は大きな抵抗なく受け入れられ、日本では「学術人類館」を造ってアイヌや沖縄人、台湾先住民などを「展示」した一九〇三年の第五回内国勧業博覧会などを生み出した。「名誉白人」の処遇を日本人が素直に喜んだのは第二次世界大戦後のアパルトヘイト体制下の南アフリカが初めてではなく、列強の植民地支配下の東南アジアなどで広く見られた現象である。東南アジアで運動を展開した中国やベトナムのナショナリストたちにも、「南洋」の非漢字圏の「土民」と連帯する意識は薄かった。台湾でかなり認められ韓国では論争の的になっている大日本帝国支配下での「植民地的近代化」も、思想面で見た場合、日本のアジア主義の産物というよりは、脱亜入欧型近代化と「遅れたアジアを指導する」善意のオリエンタリズムの産物ではなかったか。

第二次世界大戦後、日本が敗北した戦争を「大東亜戦争」にかえて「太平洋戦争」と呼ぶ習慣は、もともとは「大東亜戦争」を禁止するＧＨＱの指示に由来する。しかしそれは、日本の独立回復後も長く定着し、他方で学者や教育者が提案した「アジア太平洋戦争」はなかなか受け入れられない。その背後には「大東亜共栄圏」の独善性に批判的な人々すら共有した「あの戦争は日本の軍国主義・精神主義がアメリカの民主主義、科学技術や経済力に負けたのだ」「だからアジアは（一方的に迷惑をかけたかもしれないが）日本の敗戦原因には関係ない」という心理が存在していなかっただろうか。戦争の主な（本来の）相手だった中国が冷戦期に敵側に回ったことも、こうした心理を増大させただろう。

筆が先走ったが、明治以降の日本は天皇制を核とする国民統合を進める一方で、「世界の一流国」たるべく帝国の道を歩んだ。それは当初は「イギリスの後ろからついていく」帝国形成だったが、第一次大戦後にはアメリカを将来の主敵と見なす考えが台頭し、また一九三〇年代の自立した外交の主張は結局、軍部の暴走を止めるものではなかった。他方、古い帝国体制や軍閥の分立に妨げられて近代化が進まなかったという像が強調されてきた清末〜中華民国期の中国もそれなりの近代化と国民国家形成を進めており、その成果を過小評価したことが日本の大失敗の根因であった点などが、現在の学界では認められてい

☞ワンポイント解説5–2

1896年に英仏がシャムをどちらかの領土にはしないという協定を結んだことにより、シャムの独立は維持された。ただしその背景には、シャムの歴代国王が欧米諸国と不平等条約を結び、ラオスやマレー半島の勢力圏（朝貢国群）をフランス・イギリスに譲るなどの柔軟な外交の一方で、近代的な地方行政制度・義務教育制度や軍隊をつくって現在の領土内での支配を固めた事実があった。近代的家族制度とそのための夫婦同姓制なども導入している。19世紀後半のシャムは中国への朝貢を自主的に取りやめイギリスに従属したが、1930年代には日本に接近し、第二次世界大戦後はアメリカの「反共の砦《とりで》」となる、1970年代以後は中国にも接近するなど、時代の流れを見きわめた外交戦略が光る。

またチュラロンコン（位1868－1910年）の父モンクット（位1851-1868年）に始まって、王政－上座部仏教－タイ民族の三位一体を核とする国家の原理、雲南省に住んでいたタイ人がモンゴルの攻撃で南下してスコータイ王国を建て、その王権がアユタヤ朝－バンコク朝に継承されたという単線的なタイ人の歴史などが、王室主導でつくり出された。王室の一夫多妻制で生まれた多くの皇子・王族が欧米に留学し帰国後に政府や軍の要職を占めただけでなく、文化・イデオロギー面でも活躍したのである（ただしかれらの中に欧米人の妻を持った者も多かった点は、日本の皇室との違いである）。このため、タイ国内だけでなく世界の学界や教育界でも、王室も含む華人の影響や、中国南部〜インドシナ半島のタイ系諸民族の多様な文化（タイ族のふるさととして、現在の学界では広東〜広西地域がむしろ重視されている）と多数の政権の歴史は、最近まで軽視されていた。

国中の同胞たちよ。

「すべての人間は平等の権利をもって生まれてくる。造物主は人々に、だれも犯すことのできない権利を与えている。その諸権利のなかには、生きる権利、自由の権利と幸福追求の権利が含まれる」

この不朽の言葉は、1776年の「アメリカ独立宣言」のなかにあるものだ。広く考えるとこの文は、世界の各民族はすべて平等に生まれ、どの民族も生きる権利、幸福の権利と自由の権利をもつことを意味する。

1791年のフランス革命の「人権と市民権に関する宣言」もやはり言っている。

「人は権利において自由かつ平等に生まれ、そしてつねに、権利において自由かつ平等であらねばならない」と。

それは、だれも争うことのできない道理なのである。

にもかかわらず、この80年以上というもの、フランス植民地主義者たちは、自由・平等・博愛の旗印を利用して、わが国土を奪いわが同胞を圧迫してきた。かれらの行動は、人道と正義にまったく反している（後略）。

資料5-2　ホー・チ・ミンが書いたベトナム民主共和国独立宣言

る。過小評価の背景は日本だけにあるのではなく、戦後の中国を支配した毛沢東史観も、清末—民国を「半植民地・半封建社会」と決めつけることで自らの正当性を強調した。

東南アジアでは、島嶼部で「長い一八世紀」以来、植民地支配が深化・拡大を続けたのに対し、大陸部では一八二〇年代以降に、中国や日本が経験したのと似た質の「ウエスタンインパクト」が到来した。これに対して、一定の改革や近代化の努力はしたが成功しなかったビルマやベトナムが植民地化する。しかしシャム（タイ）は、王室主導の改革を進めて各地方への領主を通じた間接的な支配を近代的領域支配に改造し、そこで国民統合と行政や教育の近代化を進めるという、日本と共通する面が少なくない道筋を通って、独立を維持した。日本では東南アジアの一国史が出版された先例は少ないが、タイ史についてはすぐれた概説や事典によって、かなり詳しい事情を知ることができる（飯島・小泉編二〇二〇など）。

このタイや、祖国の独立と統一を求めて仏米と戦い抜いたベトナム、また一八九八年にアジアで最初の共和国を一時的にせよ樹立したフィリピンなどのナショナリズムは、狭義の東アジアの人々にもわかりやすいかもしれない。資料5-2は、日本の大学入試にも何度か出題されたホー・チ・ミンによるベトナムの独立宣言（一九四五年九月二日）である。それは、米ソの対立が表面化していない第二次世界大戦終結直後の状況を反映したものだろうが、民族自決権を近代市民革命が掲げた基本的人権の延長上にとらえている。「本質はナショナリストで社会主義はその手段であった」と評価されることも多いホー・チ・ミンのナショナリズムは、「ベトナムの国は一つ、ベトナム民族は一つである。山が（浸食で）平らになろうとも、川の水が涸れようとも、（ベトナムは一つだという）真理は変わらない」「山もある、川もある、人もいる。アメリカに勝ったら築き上げよう。十倍も美しく」など、アメリカを包囲する世界の世論を作り出すのに貢献した名言の数々にも表現されている。現在のベトナムの公文書のレターヘッドには、かれの理想をあらわした「独立―自由―幸福」の三語が印字される決まりになっている。

ただし、万事が多様な東南アジアではナショナリズムも例外たりえない。そのスペクトラムのタイ・ベトナムと反対の端には、「想像の共同体」論の提唱者であるベネディクト・アンダーソンが専攻したインドネシア・ナショナリズムがあった。そこでは独立と国民国家形成の主体は「どこ」の「だれ」であるべきかをめぐってあらゆる可能性（ジャワか蘭領東インドかそれとも英領も含むか、主体はムスリムか労働者階級かそれとも…）が議論され試された。それはホー・チ・ミンに劣らぬ演説の天才だったスカルノの「インドネシア民族主義」によってみごとにまとめ上げられたかに見えたが、しかし国家・国民統合の実体化は、力の恐怖と開発の利益分配を組み合わせたスハルトの長期独裁をまたねば実現しなかった。

第二次世界大戦後の政治史を詳しく書くことはしないが、ここで西欧的な議会制民主主義とは違った政権のあり方を、単なる近代化の遅れ（民主主義の弱さ）と見なすのとは違った角度から、東アジア地域の二〇世紀を貫く特徴について述べておきたい。たとえばヨーロッパや日本の前近代には、さまざまな「地域」と「中間団体」や「社団」に制度化された公共機能の執行権が認められ、その合議体としてヨーロッパでは「王のいる共和制」（中澤（編）二〇二二）や「身分制議会」が成立した。他方中国は、そのような地域や中間団体の集合体として国家を運営する方向を拒否して、建前上は万能の専制国家を維持してきた（足立一九九八）。二〇世紀の中国でも、孫文からして西欧的議会政治を警戒していた。中華民国では蒋介石時代に「訓政」という名で国民党の一党支配が敷かれた。「連ソ容共」政策の影響も残っていた蒋介石の訓政と、戦後の「共産中国」の「労働者と農民の同盟による独裁」に、そうした国制の伝統の影響、特に明清以来のそれを見出すことは容易だろう。が、問題はそこで終わらない。それは日本の大政翼賛会、そして一九七〇年代以降の東アジア（広義）で大きな力をもった「開発独裁」などとの間に、共通点や連続性をもたないだろうか。もっとしたらそれは、前章で見た日中の「小分岐」などを越えた、この地域全体の近世以降の「伝統」をどう引きついで／引きずっているのだろうか。それはまた、戦後日本の自民党や独立後のマレーシアのUMNO（統一マレーシア国民組織）のように、「政権交代可能な憲法と選挙制度のもとでほとんど政権を独占し続ける政党」（多くの派閥や集団にまんべんなく利益分配をする「包括政党」）とは断絶しているだろうか。

それが狭義の東アジアの朱子学を典型とする近世以来の政治思想――政治的には権威主義で大衆の政治参加など認めないが、士大夫の公論にもとづき、従順な民衆への温情・恩恵をあたえる政治は必須、しかも身分的・経済的にはおおむね自由——を引きずっていることは、言われれば多くの読者が納得するだろう。問題はその先である。ソ連型社会主義（身分・職種別のまとまりが集まって国家・社会をつくる日本でも、社会主義の仕組みは「国家社会主義者」などを介して翼賛政治に影響したとされる）は、共産党が全体をコントロールするもとで農民組織、青年や婦人の団体、共産党に協力した宗教組織など階層・職種別の組織・団体を通じて国家が形成され——それらをコントロールするのが共産党——、住民はそれらの組織・団体を通じて権利を行使し福祉にあずかるという性格をもっていたはずである。それは、もともと団体を通じた統制がききにくい「伝統」社会を統治しなければならない中国や東南アジアの政権にとっても、便利な道具ではなかったか。そして自民党を軸とする戦後の日本政治（労組の利益代表としての社会党などを補完物とする）も、軍国主義や翼賛政治に無反省であるかどうかは別として、業界団体・階層別組織の寄り集まりとして高度経済成長を実現し、政権を握り続けた。また大政翼賛会タイプの組織は、スハルト政権下（一九六七〜九八年）のインドネシアのゴルカルなどのかたちで再現された。二〇世紀末以降に矛盾が拡大しそれぞれ変身を迫られたとはいえ、この権威主義と業界・階層別組織の結合した政権の普遍性をあなどってはいけない。

二、アジア間貿易・アジア間競争と開発主義

課題5-2-1　二〇世紀のアジア間貿易とその太平洋貿易との結びつきについてまとめてみよう。

課題5-2-2　東アジアの社会主義にはロシア（ソ連）・東欧などとどんな違いがあっただろうか。政治・経済・社会に関する伝統的な思想にも注意しながら考えてみよう。それは「開発主義」とは無縁だったろうか。

経済史の面では、「ウエスタンインパクト」と近代西洋モデルの絶対性を前提に、後者を導入するための改革・革命やそれによる「先進国へのキャッチアップ」の成否がアジア諸国の命運を分けた、それがうまく行かなかった国・地域は植民地支配や帝国主義の餌食となって痩せ細った、独立後も同じことであると考える（それを避けるには社会主義に進むしかないという見方も有力だった）従来の理解が、根本的に問い直されている。たしかに一九世紀前半に世界のGDPの重心があった中国・インドなどアジア諸地域のGDPはその後、日本のような例外を別と一人当たりの額が停滞し、二〇世紀半ばにかけて西欧・北米に圧倒的な差をつけられた。一八七〇年に七三七ドル（一九九〇年のドルの購買力に換算。総人口は一八七四年で三四八四万人）だった日本の一人当たりGDPは一九一三年（総人口五一七三万人）に一三八七ドル、一九四〇年（総人口七一八七万人）に二八七四ドルまで増加した。これに対し、中国は第二次大戦まで五〇〇ドル台の横ばいが続いた（杉原二〇二〇：六六）。

しかしそれでも、中国の一人当たりGDPが横ばいだった事実は、増え続ける人口（一九世紀前半に四億を越えた人口は、その後一八五〇～六〇年代にいったん減少するが、そこから回復、一九三〇年代には五億に達する）に対応する生産力の伸びがあり、単純な「マルサスの罠」状態には陥っていなかったことを示さないか。しかもそこには、海岸部と内陸地帯の格差の拡大などの新たな問題も発生しているものの、第四章までで見たようなアジア間貿易や小農中心の経済活動のありかた、そしてそれらの中で生じるアジア間競争が生き続けたり、西洋モデルと融合しながら、また帝国主義やそれが提供する「国際公共財」もときに利用しながら再生しており、ラテンアメリカやアフリカに典型的に見られたような、欧米中核地帯への単純な従属はおこらなかった（杉原一九九六、秋田（編著）二〇一三なども見よ）。そのことは、第二次世界大戦後の「アジア太平洋経済圏」の興隆とそこで起こった「東アジアの奇跡」の重要な前提となった。

こうした長い目での再評価を「植民地支配や近代世界システムの肯定」に短絡してこれを拒否するのは、旧宗主国などの開き直った植民地支配肯定論と、旧植民地側の性急なナショナリズムとの出口のない対立に拍車をかけることになりかねない。そもそも被支配側が一方的に痩せ細るという事態は、近世の「新大陸」などで実際におこったが、受ける側のアジア社会は質が違う。たとえば西洋人は各地の港までの貿易を支配できたとしても。そこから内陸の後背地に至る流通のネットワークに対しては、華人やインド人を利用した間接的な支配が関の山だった。そして、一九世紀以降の「強制された自由貿易」の時代の資本主義はそんな単純・愚劣なものではない。

中国経済の発展は、満洲が世界の大豆産地になったような農業面だけではない。アヘン戦争後の中国で、ランカシャーの工場製綿布がなかなか売れなかったことはもともとよく知られた事実である。その一因は、ヨーロッパの綿布生産が長繊維

☞ワンポイント解説5-3

長い間中国に蓄積していた銀が、19世紀のアヘン貿易で大量に流出したという事実は、その周辺にいろいろな誤解や思い込みをもたらしてきた。たとえばアヘン戦争前の広東に茶の購入に来ていたのはイギリス船だけか。そんなことはない。オランダ船もデンマーク船も、独立後のアメリカ船（ボストン茶党事件で紅茶を飲まなくなったと誤解している読者がいないとよいが）もさかんに来航している。次にアヘンを売り込んだのはイギリスだけか。もともと清朝側では、バタヴィアのオランダ人によるアヘンの密輸を早くから問題にしている。同じことだが、アヘンを吸ったのは中国人だけか。東南アジアの植民地はどこでもアヘンを専売制にして利益を上げており、生産も各地でおこなっている。ただ中国人が大口の消費者だったことは事実で、後の「黄金の三角地帯」や20世紀の日本軍が利権を狙った華北など、中国とその周辺で大量の生産がおこなわれた。

の綿花を用いた薄手の布（肌着やシャツにする、上着はウール）に特化していたのに対し、アジアでは短繊維綿花を用いた厚手の布（上着にする）が中心だったという「物産複合」の型の違いにある（浜下・川勝（編）一九九一などで知られた理解である）。ただ中国でも日本でも、綿花生産はインド産やアメリカ産の安価な綿との競争によって衰退している。ところが一九世紀後半以降の中国や日本では、インド産の綿花や機械製綿糸（！）を用いて、農家副業や都市の零細工業の場で手織りや簡単な機械を用いた紡績と綿布生産が続けられたのだ。日本の例として在来技術を改良した「ガラ紡」と通称される紡績機（一八七六年）、それに豊田佐吉（静岡県の農業と大工を兼業する家の生まれ）が発明した「木鉄混製力織機」（一八九六年）が思い出される。それらの生産の現場では、小農経済に由来する圧倒的な低賃金（未婚の娘などが定収を得ればそれでも農家にとって得になる）と、その一方での労働力の質の高さがものをいった。

日本の近代紡績業が発展する一方で、インド産綿糸が植民地当局のルピー高政策（ランカシャーの産業資本よりロンドン・シティの金融利害が優先されたため）で輸出競争力を失うと、中国では日本の綿糸を利用したが、第一次大戦後には、上海で綿工業が発達、日本系の「在華紡」を含めて安価な綿糸の生産を支配するようになった（中国革命後ですら、香港経由で輸出される上海の綿製品は、日本製品のライバルたり得た）。昭和恐慌後の日本国内の紡績業は、綿糸・綿布ともに高付加価値の製品に重点を移してゆくが、そのアジア各地への輸出には神戸などの華僑通商網の協力も必要だった。二〇世紀後半の「雁行型発展《がんこう》」の原型がここに見られる。

一九世紀後半から第一次世界大戦に至る時期にシャム（タイ）を除く全体が植民地化した東南アジアは、もともと大部分が人口密度の低い社会だったが（第二・三章参照）、一九〜二〇世紀に一次産品輸出のための開発が進められ、人口と輸出額が急増して、世界の中での重みが増した。それはコーヒーと砂糖、スズ、二〇世紀の天然ゴムと石油など島嶼部での世界市場向け生産の拡大が牽引する成長で、資本と重工業製品はヨーロッパから来た。ただし労働力は華人・インド人や日本人・ジャワ人などアジア域内の人口過密地帯からの出稼ぎ労働者や移民によってまかなわれることが多く、またその人々の食糧となる米は大陸部のデルタから輸出された。そして労働者などが求める安価な生活用品は、インド・中国・日本の綿布、日本製の雨傘、マッチとランプや人力車と自転車などなど、アジア域内の軽工業によって供給された（対イギリスで壊滅したインドの綿工業は、アジア向けに再生している）。それらは主に華人商人の手によって流通した。シンガポールが、それらすべての流れのハブになった。つまり、東南アジア各地の世界市場向けの生産は、アジア間貿易やアジア人の重層的な経済活動によってはじめて成り立った。

その中で、人口増と輸出品生産が大きな経済成長をもたらした英領マレーや英領・蘭領ボルネオのような地域が出現する一方で、三章で紹介したように生産量は増加しても社会的には「貧困の共有」に進んだと見えるジャワ島やトンキンの動きなど、地域ごとの経済状況の二重構造（いわゆる二重経済）が植民地官僚の間でも問題にされた。外部からの大規模な移民がなかったジャワで「強制栽培制度」が施行された一九世紀半ばを含めて人口が急増したのは、ジャワ戦争（一八二五–三〇年）を最後に大規模な反乱・戦争がおこらなかったこと、一八世紀末のような巨大火山噴火もなかったこと、そして天然痘ワクチンの普及などが要因とされるが、家族と労働の面でどんな要因が人口増を後押ししたかは十分わかっていない（最新の議論は（大橋二〇二二））。

いずれにしても植民地権力や華人・インド人の経済活動に頭を押さえられて、生産の主力の座を維持した小農は東アジアのような起業家精神をもちえず、プランテーションなどの農業労働者はといえば奴隷制廃止と引き換えに導入された年季労働システム（中国系ではいわゆるクーリー労働）に縛られる者が多いなど、非近代的な状況が支配的だったと見る研究者も多い（リード二〇二一もこの立場を支持する）。別の言い方をすると、近代的な経済活動や自由な賃労働以前の仕組みのもとで、人口過密な農村で生きる小農を主役とした経済社会が展開した一九世紀東南アジアの状況を、植民地支配者とナショナリストの両方から促された社会や文化に関する「伝統」意識の強まり（学者やマスコミ・教育・娯楽がそれらを広める役割を果たした）と並んで、「植民地的近世化」と呼ぶこともできるのではないかというのが、著者の仮説である。いずれにしても、現地首長や華人の頭目などを介した支配は、二〇世紀に入ると現地人や欧亜混血児（ユーラシアン）などの下級官吏・軍人を含む政庁の官僚・軍事機構によって徐々に置き換えられ、教育や医療などの施設も建設が進められた。ただしその結果が必ずしも白人支配者の思い通りにならなかったことは、第二次大戦後の独立を見れば明らかだろう。

一九三〇年代～四五年の大日本帝国についても、研究は深化している。たしかに明治以降、一定の生産性上昇を続けて労働人口の過半を養い続けてきた農業はここに来てひどく停滞し、農村問題の解決が日本の対外膨張政策の大きな要因となった。工業化は進んでいたとはいっても、重化学工業はなお未熟な段階にあり、兵器や鉄道などの輸入代替は進んだものの、西洋列強のように広い重化学工業製品の輸出市場は持っていなかった。しかし一九三〇年代末の総力戦体制下では石炭・鉄などの資源が豊富な朝鮮半島北部や満洲で重化学工業化が強行された。それは「円ブロック」の成功や大日本帝国の勝利をもたらさなかったにしても、建国後の北朝鮮や中華人民共和国の工業化の基盤の一部ともなった。同様に朝鮮半島北部・満洲に持ち込まれた北海道・東北などの寒冷地稲作の技術は、のちに中国で東方各省が最大の米どころになるのを助けた。重工業化に戻ればそれは、植民地イコール一次産品生産という古い図式はもちろん、アジア間貿易による英領インドを含めたアジア諸国の工業化という理論すら越える、異例の形態での植民地工業化であった。

が、プラス評価とマイナス評価のどちらにくみするにせよ、一九三〇年代以降の日本の路線をブロック経済とドイツ流のアウタルキー（帝国内自給体制）だけでとらえるのは正しくないという指摘が通貨史の側からなされている（杉原二〇二〇：第八章）。すなわち昭和恐慌後の金解禁に失敗した日本は、円をイギリスのポンド＝スターリングにリンクさせた。一方近世以来の多様な銀貨など「雑種幣制」のもとにあった中国も、恐慌時の銀流出などにこりて一九三五年に貨幣発行権を政府系三銀行に限り銀の流通を禁止する「幣制統一」を実現したが、その中国元もやはりポンド＝スターリングとドルの為替レートを配慮しながら対外価値を決めることになっていた。そしてオタワ会議以降の英連邦（依然として世界の金融センターとしてのシティの利害、その根幹にある多角的決済システムが何より大事）は、連邦外の金融取引や資産の排除などしていない。「すべてを抱え込もうとする（元）覇権国家らしい政策」の例は、対ドイツ宥和政策だけではないのだ。日中が一九三〇年代に導入した管理通貨制度は、イギリスから見ればその覇権を支えてきた多角的決済システムの成功だった、ただそこでは、日中双方ともポンドに対する通貨安が起こった（すると輸出が増加しやすくなるが、日中間の競争は激化した）。こうした協調と競争が交錯する環境のなかで、「それでも、日本人は「戦争」を選んだ」（加藤陽子二〇〇九）。そして敗北した。

第二次世界大戦終了から二〇世紀末にかけて、日本の復興と高度経済成長を皮切りに、韓国・台湾・香港・シンガポールの「アジアＮＩＥｓ」（新興工業経済国・地域）、さらにマレーシア・タイなどＡＳＥＡＮ諸国、そして中国・インドまでが急速な工業化と経済成長・社会の近代化の道を歩んだ。輸入代替と輸出志向の組み合わせ、軽工業から重化学工業、そして電子・通信産業へ、低賃金を利用した労働集約型から賃金上昇を背景とする高付加価値型生産への移行など共通のパターンのもとで、各国・地域が順番に発展の段階を上る「雁行型発展」が大西洋経済圏に偏っていた世界の工業生産や貿易のバランスを大きく変え、世界銀行によって一九九三年に「東アジアの奇跡」と命名された（序章の資料0−1も見よ）。

それはいろいろな意味で東西対立や冷戦の産物だった。各国の反共政権が、「朝鮮特需」による日本の戦後復興や、ベトナム戦争中の東南アジア反共諸国に対するアメリカの開発援助とそれを利用した日本の東南アジア経済進出、そこで造られた製品の対米輸出など、冷戦構造とその中でのアメリカの覇権の土台としての自由貿易主義と大量消費社会を直接に利用しただけではない（アメリカ流大量消費は産業革命モデルの最終理想像として東アジア諸国でも崇拝された）。すでに高賃金社会になっている北米・西欧諸国の工業が労働集約型の産業を維持できず、しかも最先端の科学技術と資本を集約した先端産業（軍事を含むデュアル・ユーズも一般化する）に集中する傾向を帯びたことは、もともと一定の工業基盤を有した東アジア諸国に、労働集約型かつ資源節約型の民需産業（繊維から家電・自動車まで。またマンガ・アニメなどポップカルチャーも）に集中して生産・輸出を伸ばすチャンスを与えた。日本、ＮＩＥｓ諸国やＡＳＥＡＮ原加盟国の左傾化を防ぐために、米や西欧諸国にとってもこの分業は好都合だった。それはしかも、原料や部品・半製品の輸出入を含めてアジア域内相互間の貿易をも急拡大させた。

冷戦終結前後における共産中国や中立インドの参入も、当初は好意的に認識された。そこには、権威主義や独裁の政権は本来好ましくはないが、長い目で見れば経済成長やそれによる教育水準の向上がやがて民主化を可能にするはずだという考え方が存在した。また無理な重工業化を追求しエレクトロニクス革命にはついていけなかった中国・ベトナムなどの社会主義体制も、そこで近代工業のノウハウを学んだ技術者が改革開放後の「郷鎮企業」で活躍するなど、全く無駄ではなかったと評価される。そもそも第二次世界大戦終結後、開発主義が成果をあげるまでの時期に、「貧しさをわかちあう」社会主義がなかったら、多くの国家が実際より困難な道をたどったのではないだろうか。小農社会における「勤勉革命」と「貧困の共有」が紙一重の差だったとすれば、権威主義的な政権のもとでの開発主義と社会主義も、やはり紙一重の差でしかなかったと言えないか。狭義の東アジアだけでなく東南アジアから南アジアにまで広がった工業化と経済成長は、前節でも見たとおり「包括政党」や権威主義的な政権が取る「開発主義」のもとで展開したケースが多い。

それは民主主義の遅れなどから否定的に評価されることも多いが、まだ全体の経済力が低くしかも人口密度が高い状態で、貧富の差を他の地域の発展途上国（国家統合を困難にするほどの格差も見られた）ほどには広げず、かつ教育の普及や人材育成にかなりの投資をしたことが評価される場合もある。アメリカ型の大量消費を利用した面の一方で、自分たちの内部では労働力を多投し資源は節約するタイプの生産・経済を発展させ、地球全体の資源消費のバランスを保つのに貢献したという評価もある。

さらに具体的に見ると、第二次大戦後の東アジア諸国・地域の工業化と経済成長は二つの共通点をもっていた。第一は初期条件として、非産油国であっても石炭や安い石油が十分利用・輸入できたことである。石油ショック後はその条件に変化が生じたが、東アジアではそこで、もともとの資源節約型（言い換えれば労働集約型）経済とそこでの労働力の質の高さという蓄積などを活かし、そのころから進んだマイクロエレクトロニクス革命などにも対応しながら、石油価格の上昇を吸収できる生産性の伸び（しだいに労働力も節約型に移行）を実現した。その成功とも関連する第二の特徴が、勤勉革命に由来し近代にも再編されつつ存続してきた近世的な思考・行動様式である。

それはたとえば日本で、小農だけでなく都市の商工業でも家族経営を強固に生き残らせ（女性労働に関する谷本二〇〇三の分析などジェンダー視角もそこでは不可欠である）、かつ近代的大経営ですら、藩と同様の意味での「お家」として社員に「温情的家父長主義」をもって臨み、一定の職業訓練と福祉を提供し続けた（だから新卒の社員を大学の名前だけで採用することもできた）。現代日本でも多くの企業が家族・親族に事業を継承させている事実はよく語られるが、たとえば江戸時代中期以来の歴史をもつ「三井家」では、「同苗《どうびょう》」と呼ばれる本家・分家などの家柄による同族経営を基盤に近代の財閥・企業グループを発展させた。そこでは「のれん分け」を許した血縁のない元奉公人の家柄（別家）を三井銀行などの経営から排除した一方で、別家の組織である「相続会」との冠婚葬祭や生活保障などの面での関係を維持し続ける（多田二〇一六）。

また東アジアの労働者の長所として、ホワイトカラーはホワイトカラー、ブルーカラーはブルーカラーとしてそれぞれ特定の仕事しかしない（できない）欧米の労働者に対して、日本人や中国人は何でもする（できる）訓練を受けており「多能工」が育ちやすい点も、強いコントラストを示した。ちなみに、そうした日本企業のあり方の例として、小農の娘を女工として雇い（「嫁入り前の腰掛け」だから低賃金だが）一人前に育てて「社会化」もさせてきた近代繊維産業から、女子バレーボールの「東洋の魔女」が生まれた。

そして、労働者にとって幸せであるかどうかに議論はあるにせよ、オートメーションによる自動車生産の効率性を極限まで追及したトヨタ自動車の「カンバン方式」（部品などの在庫を精密に管理する。そこでは労使協調主義と重層的な下請け関係もフルに機能させられる）とその土台となった労働者自らに提案させる「カイゼン」などの方式は、マイクロエレトロニクスを含む外来の技術と「勤勉革命」以来の労働者の高い技術力・適応力の融合のたまものとは言えるだろう。トヨタ自動車が、日本の初期工業化の立役者豊田佐吉の会社「豊田式自動織機」の流れを汲むことは、今さら繰りかえすまでもない。

第六章

東アジアの現在地点：「圧縮された近代」の帰結

章の問い――二〇世紀後半の「東アジアの奇跡」は、つまるところ西洋型近代の延長上にあったのか、それとも別の近代への道を開いたと言えるだろうか。環境やジェンダーにも注意しながら討論せよ。

一、東アジアの現在地点(1)：グローバル化とナショナリズム

課題6―1―1　東アジア諸国における対立はなぜ神よりも歴史をめぐってよく起こるのだろうか。東南アジア諸国同士や東南アジア諸国と旧宗主国との関係にも注意しながら考察せよ。

課題6―1―2　朱子学が求める「自発的な権威への服従や格差の承認」などの特徴は、新自由主義と福祉国家のどちらに適合的だろうか。

課題6―1―3　近世以来の東アジアの歴史は、現在の域内諸国がＳＤＧｓ（持続可能な発展目標）の諸課題に取り組むうえでどんな有利な面と不利な面をもつだろうか。

以上の各章をふまえてこの章では、一九九一年の冷戦終結から現在までの世界の構図と東アジアの位置を考える。そこで生じた変化には先進国で市民運動・学生運動が爆発した一九六八年前後、発展途上国ではベトナム戦争が終わった一九七五年前後にすでに予告されていたことがらも多いが、全体の構図が変化したのは、やはり一九九〇年前後からであった。現代の課題に結びつけて歴史を学ぶには必須であり、従来の高校歴史教科書でも最後の部分に必ず書いてあるのだが、日本史教科書は簡略すぎるし（教科書検定における対立を避ける執筆者・出版社側の戦略もあるか）、世界史教科書も断片的でまとまりがない記述が多い。教員の方

も人文系学部の出身者には、どろどろした現代世界や現実社会から離れたいというロマン主義的志向がしばしば見られ、教える時間の不足と相まってこの部分をスキップするケースが多い。

一九九〇年代以降の世界の構図として、グローバル化の奔流と新自由主義、それらに対抗するナショナリズムの噴出などがしばしば語られる。先進資本主義国では一九七〇年代の石油ショックなどをきっかけにケインズ流の「大きな政府」や「福祉国家」路線が行き詰まり、八〇年代には米英日などの新自由主義論者が、「受益者負担」「規制緩和」「競争原理」「民間の活力」などを連呼して政財界や言論界を席巻した。同時期のソ連など社会主義国では、先進資本主義国はおろかアジアの開発独裁国家などと比べても経済や暮らしの水準が劣ることがはっきりした。ベルリンの壁が崩れソ連が崩壊した後の九〇年代には、輸送・通信などの科学技術の発展を受けて、世界的な人・物・カネや情報の奔流が起こった。冷戦終結後の各地の政情は、陣営を越えた往来の自由化と難民の大量移動など明るい面・暗い面の両方から、その奔流を加速させた。

冷戦終結前後に、旧ユーゴスラヴィアや旧ソ連での国家のあり方をめぐる凄惨な民族・宗教紛争などが起こったものの、一九九三年のEU（ヨーロッパ連合）結成とその後の加盟国の増加、同時期のASEAN（東南アジア諸国連合）の前進など地域統合の努力が進められ、旧社会主義国や開発独裁政権の民主化、それに南アフリカにおける一九九四年のアパルトヘイト撤廃などと合わせて世界に希望を与えた。

しかし二一世紀に入ると、二〇〇一年のニューヨーク同時多発テロをはじめとするイスラーム原理主義勢力の活動激化、それに対抗する米国のアフガン・イラクでの不毛な戦争など「文明の衝突」が世界をゆるがし、また世界のあちこちで地域・宗教や民族・人種の争いが繰りかえされた。韓国の発展・民主化と裏腹な世襲制下での独裁を続ける北朝鮮を含め、核兵器の拡散も大きな問題となった。

そしてグローバル化と新自由主義は格差を広げる。金融の暴走は、一九九七年のアジア通貨金融危機や二〇〇八年のリーマンショックなど、たびたび世界に危機を引き起こした。競争に敗れ生活に苦しむ人々、アイデンティティを傷つけられる人々が世界中で急増した。戦争・紛争と生活苦は、いっぽうで中東・アフリカからヨーロッパを目ざす難民など巨大な人の移動につながり、他方で過激な排外主義・ナショナリズムやポピュリズムを生み出す。旧ソ連・東欧で議会政治が安定した国は少なく、ソマリア・リビアやイエメンなど政権倒壊後に国家そのものが解体状態におちいる例も出現した。かつて日本の社会科教科書にあこがれをこめて写真が載せられたデトロイトの自動車産業など、欧米でも多くの産業が衰退し、失業者や就職できない若者が、米国のトランプ前大統領に代表されるポピュリストや極右の政治家を支持する。そもそも競争万能の新自由主義社会は「万人の万人に対する闘争」状態に陥りやすい。それを防ぐには「絶対王政」の現代版としての権威主義政権が有効だという考えを否定するのは簡単でないだろう（ハンガリーの「非自由民主主義」という皮肉な表現も思い出せ）。また政治と経済を区別できず、成功した経営者を政治リーダーに迎えれば国家はうまくいくはずだという安易な考えも、経済不振の国々では受け入れられやすい。

これらの政権と支持者はいっぽうで陰謀論や反インテリ主義にとらわれ、他方で国家・民族の「創られた伝統」を安易に信じ込み、またそれを自分で創り出す。そしてそういう事態に一喜一憂する間にも、地球温暖化やマイクロプラスティックによる海洋汚染は進んでゆく。「世界の工場」となって経済発展を実現した中国は、「一帯一路構想」などでアメリカの覇権に挑戦する姿勢を強めている。

ただし世界は悲観的な方向だけに流れているのではない。アメリカなど西側先進国の若い世代で「民主的社会主義」を求める動きが強まっていることと比べて日本ではあまり注目されないが、平和と人権などの新しい目標や世界標準を目ざす動きも活発である。ロシアのウクライナ侵攻のごとき明白な国連憲章違反の前では見えにくいが、世界の議論は世界人権宣言や日本国憲法など第二次世界大戦直後のそれよりずっと前に進んでいる。国民国家の集合体という国連の建前はすでに変質し、一方で多国籍企業、他方で非政府組織（NGO・NPO）などが有力なアクターとしてそこに参与している。多国籍企業とその経営者などが、租税回避地を存分に利用し労組の結成すら敵視するように独善的で利潤本位の側面をもつのは当然だが、しかしトップ経営者を中心とする世界経済フォーラム（ダボス会議）が毎年公表する「ジェンダー格差指数」がジェンダー問題で世界にインパクトを与え続けているのも事実である。異質な人々・勢力の議論や綱引きの中で国連その他の取り組みが進められている。

ＳＤＧｓ（持続可能な開発目標）はよく報道・宣伝されるのでご存じの読者が多いだろう。ただしそれが「貧困の撲滅」「エコ」「教育の普及」など以前から当たり前だった目標だけを掲げているのではない点は、十分理解されているだろうか。たとえば安全保障について、「人間の安全保障」が一九九三〜九四年に国連開発計画（ＵＮＤＰ）によって提起され、二〇一二年の国連総会決議などに盛り込まれている。これは「すべての人々が、自由に、かつ尊厳を持って、貧困と絶望から解き放たれて生きる権利」を意味するものとされ、最近は「人間だけでなく動物も」という考えも広がっていると聞く。つまり、安全保障イコール国家の安全保障という日本政府や中国政府の考えはもはや古いのである。またこの理念は、非正規労働者や外国人労働者（日本の技能実習生など）の地位について、「人身売買」「現代奴隷制」などの言葉も使いつつ批判的な目を向ける。「人間の安全保障」は武力行使を認めないが、「保護する責任」のための介入を否定していない点に議論の余地がある。であるにせよ、「移行期正義」の試みや「国際植民地主義撤廃の一〇年（一九九〇—

二〇〇〇年から三次にわたる）」の取り組み、「紛争解決学」「和解学」の探究などと関連して、人間の安全保障という理念は無視しえない意味をもつに至った。

ジェンダー格差の是正が大きな社会問題になっているが、そこでは「ジェンダー主流化」（一九九三年ウィーン世界人権会議、一九九五年北京世界女性会議などで定着）という理念がまず理解されねばならない。それはときおり誤解されるような「男性に代わって女性が支配する」理念ではなく、社会のあらゆる領域に存在・作用する問題としてジェンダーを位置づけ考えようというものである。次に性的少数者の権利の承認（二〇〇六年「ジョクジャカルタ原則」などで一般化）はずいぶん知られたが、WHO（世界保健機関）などのリプロダクティブヘルス&ライツ（性と生殖に関する健康と自己決定権。一九九四年国際人口開発会議、一九九五年北京会議から）やユネスコの「包括的性教育」（二〇〇九年『国際セクシュアリティ教育ガイダンス』。二〇一八年に第二版公表）なども、教育の場で当たり前になってよいものだろう。

地球温暖化防止の取り組みが過去に目を向けさせ、本巻でもときおり触れたような長期の気候変動の歴史を明らかにしたのと同様、平和構築やジェンダー格差是正の活動も、戦争や暴力の歴史への新たな注目を生み出した。冷戦終結時のボスニア紛争やイスラーム原理主義勢力の活動はどれも、激しい「戦時性暴力」をともなっていた。家父長制原理のもとでの女性への性暴力は、犯す側の男性の優位性を誇示し、逆に「女を敵から守れない」男たちの威信を傷つける有効な手段であることが広く認識された。旧日本軍の「慰安婦」を含む過去の戦時性暴力もこの文脈で見直され、彼女たちの存在がしばしば母国・故郷の男性たちにとっての「恥」として隠されていた事態もよりよく理解された。旧日本軍の「慰安婦」等の問題に対する批判は、「過去のことをいつまでもほじくり返している」わけではないのだ。もちろんそこでは「現在の（後世の）基準

f. 処罰を免れることをなくすことにより、また、国際人道法及び国際人権法における国家の義務にしたがって、文民、特に武力紛争中及びその後の女性や女児の保護を確保することにより、女性及び女児に対するあらゆる形態の差別や暴力を除去する。

資料 6-1
2005 年世界サミット成果文書の「ジェンダー平等および女性の地位向上」の項

で過去を裁いてよいのか」という反論が予測される。しかしその場合でも、現在の二酸化炭素排出権とからんだ過去の気候変動に対する先進工業諸国の責任の追求、各種裁判での現行法制以前に生じた権利侵害の訴えの除斥期間をめぐる争い（たとえば優生保護法）などと同じことで、過去の責任についての被害者側からの追及を単純に門前払いしてよいかどうかは疑問である。

そういう中でこの三〇年あまり、東アジアはどのように動いてきたのだろうか。前節の最後に見たとおり、韓国はＯＥＣＤに加盟し、台湾やシンガポールも先進国なみの生活水準を手に入れた。中国のＧＤＰ総額は世界二位となった。韓国・台湾の民主化に続いて、スハルト独裁政権が一九九八年に倒れたインドネシアでも民主化が進んだ。もっとも経済成長は安定した民主政治を保証するものではないし、経済的相互依存と文化・観光などの交流は国際対立予防の特効薬ではない。

中国は二〇一〇年代後半からの習近平政権のもとで香港や新疆《しんきょう》などへの抑圧を強め、南シナ海など海上でも強硬姿勢を続けている。一九九〇年代に民主化が進んだタイでは、旧特権層や軍の巻き返しによって二〇〇六年以降にクーデタなど政情不安が続いており、二〇一〇年代にようやく民主化が実現したミャンマー（ビルマ）でも、二〇二一年のクーデタで軍政が復活した。人民行動党が議会で圧倒的多数を締め続けるシンガポールでは、創設者であるリー・クアンユーから一代置いて長男のリー・シェンロンへの首相の座の世襲が実現した。他方、インドネシアやフィリピンでは選挙による政権交代が維持され、ＵＭＮＯ中心の長期政権が続いていたマレーシアでも二〇一八年に政権交代が実現した。

しかし一九九〇年代に東チモールを除く一〇か国の加盟を実現し地域協力機構として存在感を高めたＡＳＥＡＮも、中国との関係をめぐる足並みの乱れ（対決的なベトナムと親中的なカンボジアなど）やミャンマー軍政を押さえられない状況などの悩みを抱えている。

一九八〇年代の日中友好ブームや日韓交流の拡大、その後の経済的相互依存の深まりなどにもかかわらず、二〇〇〇年代以降には日中韓の間で対立の側面が目立つようになった。ことなる政治的主張をぶつけ合うのが当然とされる韓国で革新派が対日・対米などで強硬姿勢をとるのは、明治期日本の自由民権派が対外進出を強硬に主張したのに似ているかもしれない。中国は抗日戦が政権の正当性を支えてきただけでなく、一九世紀以来傷つけられ続けた大国としての威信の回復が大きな国家目標になっている。

対する日本はといえば、自民党の長期政権が一九九〇年代

☞ワンポイント解説６−１

ASEAN は 1967 年にインドネシア・フィリピン・マレーシア・シンガポール・タイの５か国によって結成され、本部をジャカルタに置いた。当初は親米・反共同盟の色彩が強かったが、1980 年代のカンボジア紛争への関与などからしだいに独自色を発揮し、ブルネイ、ベトナム・ラオス・カンボジアやミャンマーが加盟した「ASEAN10」が実現した 1990 年代以降には、中国の経済・軍事的プレゼンスの拡大、域内各国の政情不安や軍政などの問題に悩みながらも、「それぞれの国民国家建設のための助け合い」だけでなく、より高次の地域統合に向けた動きも強めている。例年、ASEAN 首脳会議に合わせて行われる米日中ロやＥＵの首脳も参加した会談、それらに参加する条件として ASEAN 側が要求している「東南アジア非核兵器地帯条約」への署名などは、ASEAN 側の主導性を表している。

と二〇〇九年の二回倒れたが、民主党政権（二〇〇九～一二年）の失敗後は自公連立政権が続いた。それは対米従属との矛盾には目をつぶったまま日本会議などのウルトラナショナリズムを持ち上げる。そして「イヤなら選挙で落とせばいい。選挙で多数を占めた自分たちに反対する者は反日だ」などの多数決万能主義、「官邸主導」の名のもとでの政権の私物化など、アジア中進国を思わせる権威主義路線を驀進する。こうした政権への支持が多数を占める政治状況の背景にあるのは、「野党はだらしない、政権担当能力がない」というステレオタイプの命題を丸暗記する一方でムラ社会の和を乱す政治的発言・行動を忌避するマスコミと国民などの存在だけではない。バブル経済が崩壊して以降の日本経済の長期停滞と「変えられない日本」への失望、その間に多くの面で韓国・台湾や中国に追い抜かれたことに由来する自信の喪失とアイデンティティの危機の影響は、明らかに大きい。

中国や北朝鮮の軍事的強硬姿勢はもちろん批判されるべきだが、そこで積極的な相手の研究と外交努力を強めるのでなく「やっつけろ」ばかり合唱する世論、在日・来日するアジア系外国人へのヘイトスピーチや差別、難民申請をほとんど認めず「不法滞在者」を公然と法の保護の外に置く出入国管理局の態度、コロナ禍のもとでは「疫病は外から来る」といわんばかりの外国人の入国拒否など、江戸時代に戻ったかと錯覚しそうな現象が国や民間で次々と起こるのも、歴史認識をめぐる不毛な対立と同じく、そうした不満感の反映だろう。そして対米関係となると「相互信頼」ばかり強調し、米軍基地が享受する事実上の治外法権（独伊には存在しない）をあまり問題にしない点は、沖縄の状況を「人ごと」としかみない本土住民の意識と合わせて、このアイデンティティ危機の深さを浮き彫りにしている。

二、科学技術の発達と社会・文化の激変

二〇世紀末以降の世界の動きは科学技術の発展から大きな影響を受けた。この節ではどの教科書にも出てくるインターネットやＡＩ（人工知能）など「情報化」「メディア」の領域以外にも気を配りながら、変化のありようをスケッチしたい。

課題６‐２‐１　東アジアのポップカルチャー（サブカルチャー）にはどんな特徴があり、それは現代世界にどんな影響を与えているだろうか。

課題６‐２‐２　東アジアの社会・文化には、ＩＴ技術や情報化社会、個々人の個性や価値観が認められる時代の良い面と悪い面を顕在化させがちな、どんな要素があるだろうか。

課題６‐２‐３　東アジア社会の社会工学や生命工学との向き合い方にはどんな特徴があるだろうか。

ＩＣＴやＩｏＴ（モノのインターネット化）、それにＡＩやビッグデータが世界を変えた例は枚挙にいとまがない。特定の場所に造られた大工場などでしかできない大量生産のための単純労働は機械やロボットでなければ低賃金の非正規労働者に担われる一方で、最近おなじみになった「知的財産権」の語が示すような無形のアイディアを核として、小さく互換可能な無数のモジュールをネットワーク化するかたちによる、必ずしも古典的な意味での規模の利益を追求しない生産形態が爆発的に拡大した。それはたとえば、新自由主義経済の牽引車となりＧＡＦＡのような超巨大企業と富豪たちを生み出しただけではない。ロシアのウクライ

ナ侵攻にも見られるようなサイバー戦争、ドローンが担う無人の戦争など、戦争の技術を変えたことも無視できない。国民国家の後退が国家間の戦争とは違った内戦や地域紛争・テロ活動を広げたこと、国民兵の戦いに代わって傭兵や多国籍企業の戦争が一般化しつつあることなどとあわせて、戦争のあり方は二度の世界大戦から連想されるものとはずいぶん違っている。

インターネットやＡＩの技術にも助けられながら生命科学・生命工学が大発展したことも、この三〇年の大きな変化だろう。ＤＮＡの解読は古人類の研究から犯罪捜査まで今や欠かせないツールだし、人間の病気の遺伝子治療、作物や家畜の遺伝子操作も、優生思想の再来や新型の病気の登場への懸念の一方で、現実に進められている。不妊治療など生殖に関する技術の利用も当たり前になっている。情報通信と生体認証の技術は、古代中国の君主たちが夢見て果たせなかった、人々の生活と生命に対する福利の提供と引き換えの、究極的な「個別人身支配」を可能にするかもしれない。その状況は、ナチスドイツ、旧ソ連、一九七〇年代までの北欧福祉国家などがそれぞれ目ざしたものともそう遠くないのかもしれない。

同じく情報化と結びつきながら生じた巨大な変化に、社会的・文化的領域での少数派の権利、個々人の個性や価値観などが広く認められる時代の到来がある。一九七〇年前後の「第二次フェミニズム」が掲げた「個人的なことは政治的なことである」というスローガンは、自由や人権が国家やエリートないし多数派集団のものでしかなく、それ以外のさまざまな弱者や少数派の「私的」「個人的」な主張が無視されたり、既成の価値観・規範への一方的な同化を強要される状況を揺るがすことに成功した。「ナンバーワンよりオンリーワン」「人間の安全保障」などのスローガンと観念も、それぞれ「マス」や「集団」を個人の上に置く習慣を打破するのに貢献した。教育の場でも画一的な「マスプロ教育」に代わって、多様化と個性化が強調された。

こうした時代にふさわしく、情報化はビッグデータの蓄積／分析をもとに、少数派を含めた個々人に最適な情報やサービスを提供することを夢でなくした（ように見える）。経済面でも、「みんなに売れる」最大公約数的商品の大量生産の時代が過ぎ、差異と個性の強調がより大きな利潤をもたらす時代が来た（ように見える）。また、「知識」やそのための情報・資料は「専門家」が独占するものでなくなり、だれでも自由に研究や分析、情報・意見の発信ができる状況が出現した（ように見える）。文系の学問でも、国家や社会など「天下国家」を論じるか、個人のミクロな行動にしても抽象化されたモデルとして「客観的に」解明することを目ざしてきた近代社会科学や歴史学がカバーしきれない、個性や主観的な論理・価値観を扱う学問として、心理学や文化人理学、メディア研究が隆盛を迎えた。

ただし新自由主義思想の影響下で進んだこれらの変化は、伝統的な多数派の行動規範や社会関係の若者への継承やそのための学習を困難にした。そして「個性的選択」

☞ワンポイント解説6-2

伝統の創造　第4章で解説したソシュール以来の「構造主義」や「構築主義」とも関連するが、個性や認識・アイデンティティの問い直しは、個人や社会が歴史や伝統を認識したりある認識にもとづいて行動するいとなみ（最近「歴史実践」の語も広がっている）についても、それが純粋に客観的に歴史や伝統を認識するというよりも、不断に認識を更新・創造する面への注目を強めている。それをきわめて単純に利用したのが、歴史というのは国民のための（あるいは勝者が創る）物語だという考えとそれをベースにしたさまざまな「歴史修正主義」だが、そうした意図的なやり方以外にも、ナショナリズムやサブカルチャー・観光などの商業主義、それに個々人のさまざまな立場や意識が、人に特定の歴史を選ばせ、特定の伝統を「発見（という名の創造）」させる。こうした「伝統の創造」やそれによりかかる「ネオ伝統主義」（たとえば各国の「国民性」や家族とジェンダーに関する伝統重視の発想）との向き合い方は、現代歴史学・歴史教育にとっても大きな課題となっている。

を強要された人々が失敗すると「自己責任」と非難される。当然、コミュニケーションやアイデンティティをめぐる対立と、自信喪失などが頻発し、無限の競争のなかで過労死が広がるのと並行して、ストレスから心を病む人々が激増する。臨床心理学のブームはそうした危機の反映でもある。

情報の奔流の中で、人々を対立させるもの、つなぐものの両面をもつ歴史認識とサブカルチャーの役割も、現代の課題として見ておく必要がある。

権威主義や対外強硬路線をとる政権や国民の間で領土・領海問題などが起こるのは、ある意味必然だろう。ここでは、なぜそれらの土台にある対立や不満がなぜ「歴史認識問題」に結びつくのかを整理しておきたい。第二次世界大戦の戦後処理など実際の歴史の経過が背景にあるのは当然だが、「なぜ歴史認識問題か」という問いはそれとは別の次元で、なぜ他の地域のように対立や不満が神をめぐる争いにならないのかという問いに置き換えられる。もちろん東アジア史上にも宗教戦争はあり、逆に欧米でも近隣諸国や旧植民地との間に歴史認識問題を抱えていない国はないはずである。それでも歴史をめぐる東アジアの対立は突出していないだろうか。東アジアは多神教や複数宗教混交の世界で、特定の神を全員が信じ国民もそれによって団結するという世界ではないというのは答えの半分でしかない。「神をめぐる争いにならない」理由はそれで説明できるとしても、「歴史をめぐる争いになる」理由は別の説明が必要である。

東アジア諸国が近代にナショナリズムや社会進化論・オリエンタリズムなどの受容において「優等生」だったことは前述した。歴史学においても、日本の日本史学を筆頭に一国史観が高度な発達をとげた（それはしばしば、自国語を特別なものと見なす語学・文学の枠組みとも結合していた）。また伝統思想の中では、仏教や道教、神道や中国・ベトナムの「民間信仰」などの影響もそれぞれ検討が必要である。しかし儒教思想は第一章で述べた通り、より端的にこの問題を説明しそうに思われる。それによれば、どういう君主の行動が「天命」にかなうかは、経書《けいしょ》（四書五経《ししょごきょう》など）や史書から帰納的に判断しなければならないことが多かった。経書である『尚書《しょうしょ》』（書経《しょきょう》）や『春秋』には、そのための過去の事実（と考えられたもの）が記載されている。君主の手引きであることを明示した史書として、司馬光《しばこう》『資治通鑑』も有名である。また史書は列伝などで、臣下の行動の善悪を判定して人々の教訓とする役割ももつ。ここに中華文明圏の政治権力や国家が歴史によって自分を正当化し、その歴史を臣民（近代なら国民）に教え込むという構造が成立する。

「国家が決める正しい歴史」がありそれを国民が覚え込むという発想は、正しさの基準に変化はあるものの、日本を含む近現代の東アジア諸国全体で多かれ少なかれ共有されてきた（受験戦争がそういう歴史の暗記を後押しする）。またナショナリズムは自国のモダニティや先進性だけを誇ることはできず、どこでも栄光や苦難の歴史を強調するが、ネーションの歴史がほぼ中世や近世にしか遡れない欧米や東南アジアと違い、狭義の東アジア諸国は「中国四〇〇〇年の歴史」などはるかに長い歴史を主張しえた。これに対抗する周辺諸国も、前近代に中国から学んだ君主や国家を歴史で正当化する方法を活かしつつ、「韓国五〇〇〇年の歴史」「ベトナム民族四〇〇〇年の歴史」や「二六〇〇年続いた天皇制」などの歴史を構築した（佐藤二〇〇四）。「檀君神話」を事実と主張しトップの世襲制を維持する北朝鮮も、同じ部類と見て間違いないだろう。

他方、情報通信技術の発達を強調しながらポップカルチャー（サブカルチャー）の発展とその広がりを挙げないとすれば、現代東アジアの理解はひどくバランスを欠いたものになるだろう。日本のマンガ・アニメは現在でも世界中の若者を引きつけているし（ボーイズラブを扱うものなど「少女マンガ」も重要な位置を占めると聞く）、「〇〇48」などのグループとその興行形態なども、海外に輸出されている。韓流ドラマやK－P opsのインパクトも鮮烈だった。著者の周りにも「ヨンさま」に感動して「聖地詣で」をしたりBTS（防弾少年団）を「推し」にする女性がいる。中国の歴史ドラマも負けてはいないし、東南アジアの音楽や映画を愛好する日本人も少しずつ増えている。これらの「ソフトパワー」は、エスニック料理などとならんでその国のイメージを向上させる「ナショナル・ブランディング」の有力な材料にもなっている。もちろん他国を不当に描き外国人への敵意を煽るマンガやドラマ・ゲームはありうるが、これまでのところポップカルチャーは、大人や政治家の対立と無縁の若者の交流を強める方向に作用していると思われる。

三、環境危機・過労死と少子化

課題6-3-1　アジア太平洋戦争、日本の敗戦とその後数年間の激動は、東アジアの人の動きや人口にどんな影響を与えただろうか、整理してみよう。

課題6-3-2　第二次大戦後の東アジア諸国で妊娠中絶を含む家族計画が南アジアやアフリカと違い急速に普及したのはなぜだろうか。人口と経済、宗教思想などの面から考えてみよう。

課題6-3-3　家事・育児は女性の仕事という「伝統的」発想は、どんな家族と企業社会や学校社会を作っただろうか。

権威主義と並んで東アジアがやめられないものに経済成長至上主義があるだろう。それはたしかに「東アジアの奇跡」の原動力となった。しかしこれだけ地球温暖化や大気・海洋汚染が問題になっている現在から見ると、それはしょせん「化石資源世界経済」の枠内での相対的な資源節約経済にすぎなかったように見えなくもない。化石エネルギーと原発にしがみついて転換が遅れるエネルギー政策や、ガソリン自動車全廃への消極姿勢など、現代日本の状況はその象徴だろう。中国の権威主義は、経済・暮らしの豊かさ・便利さを保証し続けねば政権が維持できない。日本でも保守政党は経済界など各種業界への利益分配と引き換えの集票抜きでは勝ちつづけることができないし、世論調査をすれば政権選択の最重要基準は安全保障や日本の威信の向上でも環境保全でもなく景気対策であることが多い。

中所得国から高所得国（先進国）へと進みたいASEANの多くの国々も、事情は似たり寄ったりに見える。唯一神が禁じる「人間のやってはいけないこと」があるという発想がもともと薄いこの地域は、在地の慣習を重んじ原理主義には走りにくいという東南アジア社会の特質（イスラームも例外ではない）のように前向きの面をもつ。しかしそれは、実利主義から抜け出すのが難しいことも意味する。二〇世紀末以降、中国では黄河流域が開発と人口増のもとでひどい水不足に陥っている。東南アジアの温暖化はモンスーンの変調や島嶼の水没を招くだけではない。大陸部の沿岸では、西南中国を含む上流部で近世以降に起こった森林破壊の結果として流出した土砂がデルタを拡大させた。ところが近年では逆に、海面上昇と上流部のダム建設による河川流量の減少のダブルパンチで、海岸線の浸食やデルタの面積縮小の危機に瀕していると聞く。そうした中で、本書でたびたび取り上げてきたように「勤勉革命」や「東アジアの奇跡」の歴史の独自性を強調してきた杉原薫（二〇二〇）は、南アジアなどの「生存基盤維持型」の経済・社会に関心を移しつつある。

長期的な資源・エネルギー消費を減らす方向ではあるが、食糧難の記憶を背負った強引な家族計画化の推進とその手段としての妊娠中絶の多用にも、「神を恐れない」社会の光と影が現れている。中国の一人っ子政策（小浜二〇二〇など）は極端としても、東アジア各国は日本を含めてそれぞれ、第二次世界大戦後に家族計画を政策的に推進した。それは経済の復興や成長を助けたが、二〇世紀末以降の少子化の引き金を引く役割も果たした（大泉二〇〇七、二〇二〇、落合二〇一九なども見よ）。

では、巻の冒頭であげた家族や結婚の問題はどうなったか。

第二次大戦後の日本では、新憲法のもとで「家制度」や「戸主権」は廃止され男女平等が実現したはずだったのだが、近世を背負い明治に構築された家の仕組みが、いろいろな意味で存続した。傍系を含む大家族制は廃止され戸籍の単位は夫婦と未婚の子供とされたが、市町村による世帯単位での住民把握が、個人で登録し中央で一括管理するような方法で完全に個人単位に変わることはなかった。最初に占領軍がそれを提案した時期には

☞ワンポイント解説6−3

現在の日本の若い世代が教科書で習ってもピンとこない、使える知識にならない事柄の典型として、「戦後の食糧難」があるだろう。戦争で経済を破壊され、そこに海外から100万のケタで帰還兵・引き揚げ者を迎えた戦後の日本で、しかも平和の到来とともにベビーブームが起こったのだから、食糧問題はきわめて深刻だった。経済復興・増産とならんで、1954年に設立された日本家族計画協会など、官民あげての家族計画運動が推進された。事態は日中戦争・国共内戦から大躍進・文化大革命まで破壊と混乱が続いた中国ではさらに深刻で、1979年に有名な一人っ子政策が導入された。植民地支配の後に朝鮮戦争による大破壊を被った朝鮮半島、独立と統一まで「30年の闘争」を強いられたベトナムなど、事態はどこでも似通っていた（インドの人口問題と家族計画も有名）。近代化・機械化が遅れた農民社会では、増産や生活向上のためにこそ子どもを多く産もうとするという法則も、まだ農業従事者が労働人口の半数近くを占めた戦後日本を含め、政策当局の頭痛の種だった。

一人っ子政策が改革開放政策下での中国経済の爆発的発展を加速させた例のように、たしかに家族計画は経済発展や一人当たりの所得の増加、教育水準の向上などを助けたが、しかし中国で2014年に一人っ子政策を廃止しても少子化が止まらないように、それが新たな人口転換を招いた面も否定できない。

コンピューターがなく、他方カネどころか紙がない時代だから、既存の戸籍の書き直しだけでもまったく不可能とされ、それぞれの「本籍地」に登録する戸籍や夫婦同氏（姓）などの制度は維持された。コンピューターが発達した後もそれは変わらなかった。

結果として夫婦を含む世帯ではほとんど夫が世帯主になり、大半の妻が夫の姓に改姓し夫を「主人」と呼び続けた。離婚・再婚について女性の側だけを非難する発想、非嫡出子を出生時・就学時・結婚や就職の際などあらゆる機会に差別視する親戚や近所・社会の視線などは、戦後の期待通りには消失せず、それに対応して「戸籍を汚す」ことを強く恐れる男女の心理は再生産され続けた。また戦前の長男単独相続に替えて遺産の分割相続制度が導入されたことに関連して、非嫡出子や前妻・前夫の子などを現在の戸籍から外せば財産相続をさせなくてよいといった誤解（同一戸籍に載っていないものは家族ではないという誤解）が広がった可能性がある。これらのケースで泣くのは、婚姻外の子供を産んだ（産ませた）父ではなく、自分の「入籍」や子供の「認知」をめぐって不利益を受ける母（経済面でも一般に不利な立場に置かれていた）であることが圧倒的に多かった（下夷二〇二一）。戸籍などの法制ががDV（大半は女性）・虐待などの理由で別居している配偶者や子どもに不利益をもたらしている点が問題にされている現状も、学生を含む若者にとって人ごとではなかろう。COVID-19での国民への給付金も世帯単位で申請を受け付けたため、そうした人々が申請できない例が報じられたのは、その証拠である。

高度成長下で皆婚社会が到来し、サラリーマン家族が一般化した。家電の普及にも助けられつつ企業に勤める夫と専業主婦（結婚退職が普通になった）の妻、子供は二人という核家族モデルが、依然として「家を継ぐ」ことを要求された長男夫婦を除く兄弟姉妹の間に普及した。それは右のような古い家族意識やジェンダー規範から逃れたいと切望する人々にとって、分家を含む大家族や直系三世代家族と違った、社会の近代性を強く意識させるものであり、戦後の民法・戸籍法改革に当たった法学者や官僚も、核家族によって家制度の弊害は消え失せると楽観していた。夫婦同姓は、親や親戚などが決めるのでない自分たちだけの「恋愛結婚」の象徴という新しい積極的な意味づけを与えられたのかもしれない。勤勉革命の背景にあった「女性も家事やケア労働をこなしながら稼がねばならない貧しさ」からの離脱＝趣味や社会活動の条件にもなる主婦化を可能とする豊かさ（東南アジア諸国などでも最近広がった）は、肯定的にとらえられたように見える。

ところがそうした「戦後家族モデル」は、それが理想としたのが第一の近代に生まれた近代家族の性別分業モデルであった以上、古い意識・規範を一掃するには不十分だった。「近代家族モデル」に忠実に夫の稼ぎに従属しつつ家事・育児に専念する妻たち──「お受験」に子供を駆り立てる東アジア的「教育ママ」を含む──が生み出され、日韓両国では結婚・出産にともなって女性就業率がいったん大きく下がる「M字カーブ」がはっきり姿を現した（農家や家族経営の商工業であれば、娘や妻が結婚や出産によって仕事から離れることはあまりないだろう）。企業の側も男性社員とその家族を一家と見なすような意識を維持した。

そして、日本政府が一九六一年に創設した「配偶者控除」のような制度はいまだに維持されている。これは、たとえば子どもが手を離れたあとにパート・アルバイトで働く妻の年収が一〇三万円以下であれば所得税が無税となる上に、その配偶者を扶養家族とする人間（ほぼ夫）は所得税の「控除」が受けられるという、「サラリーマン男性とその稼ぎに依存する妻子」を優遇するしくみである。石油ショック直後の一九七五年から日本のＴＦＲは二を割り込み、戦後家族モデルの行き詰まりが見えていたのだが、バブル以降の政府の政策もしばしば「家庭基盤充実」を掲げ、問題を家族の中に閉じ込めようとした（落合二〇一九）。

経済成長がもたらした現代東アジアの家族・結婚のモデルは、日本に限らず今なお強く残存しているとされる（サブカルチャーの世界で描かれる家族やジェンダーのありかたも、ずいぶん変化・多様化しているのだが）、そこでは家事やケア労働は環境保護の仕事などと同様、経済的価値が評価されない。平成の日本の場合はこれに加えて、学校での部活・顧問への要求と同様、育児や料理などを妻＝母が完璧にこなす要求も異常に高まった。その結果、共働きが一般化した、言い換えれば第二の近代の特徴である脱主婦化が進んだ現在では、老親の扶養、親戚や隣近所の付き合いと助け合いなどは、しばしば面倒なこととして避けられる。干渉の一方でセーフティネットも提供していた親戚や近所づきあいが薄れた影響もあり、兄弟姉妹はゼロか一人だから、「気づいてみたら誰にも助けを求められない」状況が一般化している。また婚外子を結婚で生まれた子供と同様に、一人親家庭を両親の揃った家族と同等に扱うことへの反発はやまない。

加えて二〇世紀末以降の新自由主義とグローバル化は、企業から家父長的温情主義の余裕を奪い、過労死と格差社会を深刻な問題とした。新たな経済成長につながるはずの女性の社会進出＝脱主婦化は、多くの場合に非正規労働者のかたちしかとれずにいる。核家族モデルにしがみつく福祉・年金などの制度設計は、各位家族を形成できなかったシングルや一人親家庭に冷たい。そんな社会が、結婚・出産を望む若者、「生産性」をもたない老人や障碍者にとって幸せな社会であろうはずもない。日本の場合、一世帯当たりの人数は二・三三人（二〇一五年）まで下がっている。そこでは少産少死で安定するのではなく、平和のもとで人口が減少するという新しい「人口転換」が起こりつつある（日本と近隣諸国の家族の現況については［平井太規二〇一三］なども見よ）。こうした「勤勉革命のなれのはて」ともいうべき急速すぎる少子化および過労死や、心を病むことが当たり前になってしまった事態に対して、「伝統的な家族」（三世代同居？）への回帰を求める保守派のイデオロギーが空虚にしか響かないのは当然である。

その間に西欧や北米の社会では、その内部や隣接地域での激しいバックラッシュがあるにせよ、「結婚」や「家族」に関する劇的変化が起こった。多くの国で法的な結婚の手順を踏まないカップルやその子どもが結婚した家族と平等に扱われるようになり、同性婚の承認など性的少数派の扱いの改善も大きく進んだ。性教育の積極的な展開も、「性交について教えた瞬間に子どもたちが乱交に走る」といわんばかりの発想がまかり通る日本などとは対照的である（日本のこの発想は、固定した暗記知識なしにアクティブラーニングなどさせたら生徒は無秩序な議論しかしないという歴史教員の発想とも似ていないか）。家事・育児やその他のケア労働への男性の参加と社会化。女性の政治リーダーの増加もめざましい。もちろんそれらの大きな狙いであった出生率回復の効果は限定的であるし（TFRが二を越えることはまずない）、また生き方の問題として結婚・出産を望まない若者がやはり増えているという。

それにしてもこの西欧・北米の状況は、巨大なジェンダー格差と世界史上に例を見ない少子化（ベトナムや、華人文化の影響が強いタイやシンガポールも含む）のもとにある現代東アジアとは対照的に見える。東アジアにおいては、個人主義なき個人化を問題にする韓国の張慶燮《チャンキョンソプ》の説明（落合（編）二〇一三）が説得的に映る。若者も家族主義の価値観を持っているからこそ、現代家族や結婚・出産が背負い込んでいる負担とリスク――今や子どものうちに老人や病人の世話をする「ヤングケアラー」のかたちでそれを経験することも珍しくない――を恐れて家族形成を回避しているのだという説である。

さらに関連して、ヨーロッパでは出生率低下を補う多数の移民労働力の存在が――それに対する反発や差別はあっても――当たり前であるのに対し、公共事業や企業誘致などでは追いつかない地方経済の衰退（過疎化で農家でもその他のセクターで人手が足りないが、まともな賃金を払って人を雇うカネもない。農家の嫁のなり手も少ない）に苦しむ東アジア諸国ではいまだに、「外国人がおおぜい存在すること」「外国人といっしょに暮らすこと」自体への拒否感（恐怖感）も強い。結果として「国際化」や労働力不足への対処が中途半端になっている。

特に日本では、「ゴミの出し方がなっていない」など習慣の違いへの違和感も半端ではないが、しかし「それなら「やさしい日本語」で日本の習慣をわかるように教えよう」と自分事として動く日本人は、とても少ないように見える。ここでもエスニックな純粋性を強めた「鎖国時代」の感覚が、近代の変化（朝鮮・台湾や中国大陸からの多くの人々の到来や、「外地」での日本人の多様な経験）にもかかわらず、現代日本人の感覚を縛っていないだろうか。なお、国際結婚もある時期から確実に増加したが、学生が東南アジアに留学することを親に報告した際に、「現地人と結婚して帰ってくるのはやめてくれ、どう接していいかわからないから」と言われたという話も聞く。しかも、同じくほぼ純粋な単一民族国家を近世後期に実現した韓国が、より中国的なトップダウンの政治伝統によって、日本に劣らぬ強烈な反発のもとでも多文化政策、雇用制度、参政権など多方面にわたる積極的な包摂（インクルージョン）政策を取っているのに対し、日本では微温的な対策しかとれないままではないか。以下の各資料なども見ながら、じっくり（しかし「安易に絶望する」ことも、ジェンダーギャップ指数など「欧米本位で毎年変わる基準の取り方」を理由にこれを無視することもなく）考えてみたい。

資料6-2　世界経済フォーラムのジェンダーギャップ指数（2022年版。全146か国）

国名	順位
フィリピン	19
ラオス	53
東ティモール	56
バングラデシュ	71
タイ	79
ベトナム	83
インドネシア	92
カンボジア	98
韓国	99
中国	102
マレーシア	103
ブルネイ	104
ミャンマー	106
スリランカ	110
日本	116
インド	130

	国名	人数と構成比等
1	中国	745.411 人（構成比 26.4%）（－ 4.2%）
2	ベトナム	450,046 人（構成比 15.9%）（＋ 0.4%）
3	韓国	416,389 人（構成比 14.7%）（－ 2.5%）
4	フィリピン	277,341 人（構成比 9.8%）（－ 0.8%）
5	ブラジル	206.365 人（構成比 7.3%）（－ 1.0%）
6	ネパール	97,026 人（構成比 3.4%）（＋ 1.1%）
7	インドネシア	63,138 人（構成比 2.2%）（－ 5.5%）
8	米国	53,970 人（構成比 1.9%）（－ 3.3%）
9	台湾	52,023 人（構成比 1.8%）（－ 6.9%）
10	タイ	51,409 人（構成比 1.8%）（－ 3.7%）
総数 2823565 人（前年比－ 63551 人（－ 2.2%））		

資料 6-3
日本の在留外国人数(2021 年 6 月。特別永住者＋中長期在留者)

時期（年）	TRF2.1 以下	老年人口 14％以上	出産年齢人口減少	総人口減少
1970-75	日本			
1975-80	シンガポール			
1980-85				
1985-90				
1990-95	タイ	日本		
1995-00			日本	
2000-05	ベトナム			
2005-10	ブルネイ			日本
2010-15				
2015-20	マレーシア		シンガポール	
2020-25	ミャンマー	シンガポール・タイ	タイ	
2025-30				タイ
2030-35	インドネシア	ベトナム		
2035-40	ラオス	ブルネイ	ブルネイ	
2040-45	カンボディア・フィリピン	インドネシア・マレーシア	ベトナム	シンガポール
2045-50			マレーシア	ブルネイ
2050-55		ミャンマー	ミャンマー	ミャンマー・ベトナム
2055-60		ガンボディア・ラオス・フィリピン	カンボディア・ラオス	
2060-65	東チモール		インドネシア・フィリピン	ラオス・マレーシア
2065-70				インドネシア
2070-75		東チモール		カンボディア
2075-80				フィリピン

資料6－4　日本とアジアの人口減への道（2020 年以降は予測）

終章

過去と未来の対話

一、著者の弁明

序章で述べた通り、以上のようなこの巻のテーマと論述に対して、基礎的史実や具体的な歴史の展開を軽視した抽象論で一般書として難しすぎるといった不満をもつのはお門違いである。史実や具体的展開は他の本でいくらでも補えるが、この巻のような「背景解説」は圧倒的に不足している。だがそれは、学問のOSのアップデートのために必要で具体的な知識の一部なのである。ただしこの巻で提供するものが「唯一の正しい、そして必要十分な知識」では断じてない。その点を含め著者は、「自らかえりみてなおくんば、千・万人といえども我行かん」という東アジアの先人の言に従うものである。

だがそうだとしても、「結局発展・近代化とか先進・後進の話か。そういう視点――所詮は男性ビジネスマンの視点??――自体が古いのではないか」という不満を覚えられた読者はあるだろう。それらの話題だけで歴史を語ってはまずいことなど、最初からわかりきったことである。ただ本書はあえてそれらを扱った。繰りかえすが、ここに書いてないことは考えなくてよいなどとは一言も主張していない。経済発展を扱ったのは、日中などの支配的価値観がいまだに経済成長にあることだけがその理由ではない。現代世界では経済・社会その他の格差が広がりつつあり、その中で今なお「近代化」「工業化」や経済生活の向上を希求せざるをえない人々が何億人もいる。世界がＳＤＧｓのような目標を掲げざるを得ないのもその証拠である。（そこにいかに深刻な課題があるにせよ）先進国の住民が「近代」「発展」「先進・後進」などの議論を遠ざけることは、アジア太平洋戦争中の軍国主義や皇国史観で懲りた日本社会が、戦後に軍事や宗教の教育にフタをしてしまったのと同じような危険――それは結局、実在するそれらの世界の構造やその善悪・得失に無知で、したがってそれらの作用が向こうから押し寄せてきた際に適切な判断ができない状況を生んでこなかったか——をはらむという見方が、著者の選択の根拠である。

たとえば、CO_2の発生を全世界で減らせという主張に対して「すでに大量のCO_2を排出して豊かな暮らしを築いた先進国」の偽善性を批判する発展途上国の声がやまない状況は、この判断を支持しないだろうか。地球全体の資源・環境を持続可能なものとしつつ、言い換えれば化石燃料消費型でない生存基盤維持を実現しつつ、東・南アジアだけでなくアフリカなど全世界に移転可能な工業化モデルは作れるか。化石燃料消費型経済の究極のモデルだったアメリカで（二〇世紀初めにもあったことだが）若者が社会主義を支持する事態が示す「人新世」の暮らしと経済の基本課題が、そこにあることは理解しているつもりである。ＩＴ化やロボット化の促進が化石燃料消費型から抜け出す万能の切り札になるかのような見方が楽観的に過ぎることは、ビッグサーバーの電力消費、希少資源の奪い合いなど資源・環境問題がそれによって自動的には解決しない点を見ても明らかだろう（斎藤幸平二〇二〇も見よ）。

関連して、計量経済史や歴史人口学などの数字ばかり使う学問に不信感をもつ人文系の読者も少なくないだろう。ただしこれまでの歴史や社会の議論は、面積や人口が桁違いの日本と中国の近代化を安易に比較する、ルクセンブルクやシンガポールのような国家を無視して日本を「小国」扱いするなど、あまりに数字に弱すぎなかったか。その点での二〜三週遅れをせめて一週遅れに引き揚げねばならない。そのうえで、性愛や生殖に関する自己決定権を含む多様で個別的な選択を認める時代に、ＴＦＲなどの「平均値」でものごとを議論することは矛盾しているという反発は尊重すべきだろう。ただこれも、ＩＣＴの時代に起こった進歩を踏まえて便宜的に利用する——気候変動の歴史に見られるのと同様、将来数値や比率が更新される可能性は大いにあることを認めながら――という著者の方針が大きく道を踏み外しているとは考えない。ＧＤＰにしても何にしても、それは一定の約束事の上で導かれた数値に過ぎず絶対ではないが、それを一切使わないで「社会」は、あるいは積極的な意味で個人化・個性化を支えるＩＴやＡＩは機能し続けることができるのだろうか。そのような「原理主義的」個人化に与することは著者にはできない。

また日本・東アジアと西洋の比較という構図は結局、西洋コンプレックスの一表現にすぎないという批判も大いにありうる。南アジアや西アジア、アフリカやラテンアメリカ、オセアニアは無視していいのか。しかし著者にとってはこれも、限られた能力と紙幅のもとでの選択の問題である。現代中国の膨張や域内諸国間の「歴史戦争」は、東アジア諸国民間の関係性の省察を二〇世紀後半のそれよりずっと大事な課題としていないだろうか。しかも明治以来の日本の脱亜入欧路線（「脱亜」の最大の対象は漢字圏の中国・朝鮮だった）、それが裏返った「大東亜共栄圏」への反省は、戦後（冷戦期）日本社会の主流を「さらなる中国離れと西洋化・米国化」に駆り立てた。そうした日本を筆頭とする域内諸国の「圧縮された近代化」の影で、かつて諸国の知識人が共有した漢字文化（漢学）の素養は韓国・朝鮮でもベトナムでも中国の多くの部分でも、最終的に解体しかかっている。つまり和解や相互理解のための言語文化面の基礎条件が消失しかかっているのである。

だから本書では、受験日本史・世界史の用語暗記や農業関係など昭和の常識日本語の習得をしていない読者（現職教員・研究者の中にもすでに存在する）を想定して、漢字に徹底してルビを振った（外国系子弟・留学生向けにはまったく不十分だが）。

他方、そうした中で狭義の東アジア諸国が関係を深めた東南アジアへの人文学的理解は、経済・政治以外の視点で東南アジアを見ることが「漢字文化圏型」の世界像の刷新をもたらす可能性の大きさに比べても、表面的ものにとどまったままである。たまたま「漢文東洋史」と「東南アジア地域研究」の両方を大学・大学院で専攻した著者が、そうした状況下で歴史学・歴史教育の最優先課題として本書の地域設定を選んだことを、ひとつのやり方としてご理解いただければ幸いである。

二、この巻のまとめ

それも含めてここまで本書を読んだ皆さんは、巻頭の問いへの答えも大筋でおわかりのはずである。以下に著者が考える「解答例」を書いてみる。

問一――現代東アジアの経済成長は、狭義の近代以前とくに近世における農耕社会やアジア間貿易の発展がまず土台にあり、それに工業化や「近代国家」「近代社会」形成と世界の一体化、世界大戦と冷戦など、近現代世界の動きが結びつくことによって実現した。

稲作地域を筆頭に高い農業生産力をもつ東アジアは、もともとローカルな地域や国家の範囲を超える人の移動や物流が盛んな地域だった。モンゴル時代にはゆるやかな交易ネットワークの連鎖がユーラシアのほぼ全域に広がり、一六世紀には日本産やラテンアメリカ産の「銀の奔流」とともにグローバルな商業の時代が訪れた。ただしその荒々しい動きは「一七世紀の危機」をも招いた。域内諸国は「長い一八世紀」にお互いの住み分けと経済・社会の軟着陸のための模索を強いられた。そのとき、中国・朝鮮半島や日本列島・ベトナムなど狭義の東アジア諸国や北部ベトナムなど東南アジアの一部では、人口過剰・土地不足の状況が一般化していた。しかし、同時期に土地不足が顕在化したヨーロッパが工業化とアメリカ大陸への大規模な移民で人口圧を回避したようなわけにはいかなかった代わりに、東アジアでは人口の少ない東南アジアその他の周辺地域への中国人の拡散など移民・出稼ぎが増加しただけでなく、主要地域で小農民が勤勉に働き多角経営などの工夫をして生産性を上げ資本を蓄積する、いわゆる「勤勉革命」がおこった。狭義の東アジアで教育の普及と並行して、固定的身分制を批判し世俗性を肯定する儒教（朱子学）倫理が村落レベルまで根付いたような、教育や宗教・文化面での変化も、経済成長を後押しする面があった。

ただし小農社会ならどこでも勤勉革命が成功するわけではない。それは、全体の労働強化と負担の平均化（といってもジェンダーによる負担の不均等がつきまとう）によって生き延びようとする「貧困の共有」と同じコインの裏表をなしていたし、新自由主義的な格差社会と自己責任論を疑わないメンタリティとも、それほどかけ離れてはいない。その一方で、貧困を共有して生き延びるしかない状況の社会は、伝統思想の中の平均主義を介して、容易に社会主義思想を受け入れるかもしれない。だから二〇世紀の東アジアは、社会主義、開発主義、そして新自由主義のすべてにおいて「優等生」たりえたのだと考えられないか。社会主義はともかく開発主義や新自由主義の社会で、東アジアの人々が過労死をいとわずに働く傾向を示すのも、「勤勉革命」の伝統と無縁の事実ではあるまい。

いずれにしても近現代東アジアの経済成長は、もちろん国ごとに違った構造や特徴を持っていたには違いないが、いくつかの共通点をもっていた。アジア間貿易や域内投資・技術移転等の域内の結びつきが成長に貢献したことは言うまでもない。宗教的制約をそれほど受けなかったことや権威主義的な国家と経済との強い結びつき、比較的低賃金の労働の一方での大衆文化・消費生活などがもつ牽引力といった要素もほぼ全域に共通する。そしてそれらの中には、中小零細企業の根強さや兼業農家の広範な存在など高度成長期の日本経済の特徴、華人ネットワークと華人型の経営などと同様、近世以来の継続性や近世社会の再現を見ることの可能な要素は少なくないだろう。それらが、各時期の状況にも動かされながら、近代アジア間貿易や日本支配下の朝鮮半島・満洲での一九三〇年代に始まる工業化、第二次大戦後の冷戦と開発援助を利用した開発政策の展開、アジア太平洋経済圏の結びつきの深まりなどを背景とした日本・ＮＩＥｓ・ＡＳＥＡＮ諸国の「雁行型」発展と、冷戦終結前後からの中国・インドの変身など、それぞれの時期の状況にも動かされながら、日本以外の諸国を含めた連鎖反応的な発展という歴史につながったのである。

問二——東アジア諸国は明治維新後の日本を筆頭に、二〇世紀末までにつぎつぎと近代化と経済成長を実現し、その中で多産多死（近世）→多産少死（近代化・工業化過程）→少産少死（ポスト近代化・工業化の時期）という「人口転換」も実現したが、先行して人口転換を経験したヨーロッパ諸国と比べると、家族や結婚・出産の構造変化による「新しい人口転換」と結果としての少子高齢社会への移行がきわめて早く進み、社会経済に悪影響を及ぼしはじめていること、出生率回復策が打ち出されても仏英・北欧諸国のような成果を上げていないケースが多いことなどが世界の注目を集めている。地球全体の資源や環境を考えたとき、世界の人口は明らかに多すぎるだろうが、ヨーロッパが（別の面での問題は多々あるが）全体として「持続可能な発展」に向けてソフトランディングを進めようとしているのに対し、東アジアの状況はハードランディングの側面がきつすぎないだろ

うか。

その第一の背景は、東アジアの主要農業地域のもともとの人口密度がきわめて高かったことである。一九世紀以降には東南アジアも人口過密地帯の仲間入りをした。第二次世界大戦後の東アジア各国でも労働人口の多数を占めるのは農民であり、しかも戦争の後遺症としての引き揚げ者や食糧不足などの問題をかかえる国も少なくなかったため、経済成長志向の一方で、家族計画などによる出生率の抑制を重視する傾向が強かった。

第二の背景は、一七～一八世紀から一歩一歩近代化が進行したヨーロッパ諸国と比べて、東アジアの近代化はきわめて短い時間に進行したことにある。そこでは「後発の利益」も無視できないのだが、実際には一九～二〇世紀的な近代性と二〇世紀末以降の「第二の近代」（後期近代・ポスト近代）の新しい仕組みが時をおかずに押し寄せ、近世以来の古い思想や仕組み、そして一九～二〇世紀的近代観、第二の近代の状況と意識などが重層して、有効な対策がとれずにいるという状況が広く見られる。一九～二〇世紀的近代への適応が早かった日本でも、それは近世の遺産をフル活用したものだったこともあって全体が「半近代」にとどまり、その近代性が十分成熟しないままで第二の近代を迎えているとされる。狭義の東アジア諸国で近世以降に庶民の間に根付いた儒教（朱子学）倫理と、その土台の上で実現した「勤勉革命」などの文化的・歴史的要因を考えると、より短期間に「圧縮された近代」を経験した他の諸国では、日本よりトップダウンの転換が容易な「中国的」政治伝統があるにせよ、近世的仕組みの克服が容易な問題ではないことがわかる。それは以下の各側面で、日本を含む諸国の現在の低出生率に影響しているだろう。

第一は「近代家族モデル」と容易に結合する「男は外で働いて家計を支え、女は内で家を支える（女の理想的な生き方は主婦＝良妻賢母になること）」という士大夫や武士社会のモデルである。都市化が進み、祖父母や兄弟・親戚と同居する大家族、近隣で助け合うムラ社会や自営業者の社会などからは離れたサラリーマンの核家族が一般化した現在でも、妻が家事やケア労働を一手に引き受けるという発想が根強く、形式上で社会主義の男女平等原則を施行した中国・ベトナムなども含めて、収入面では女性は補助的役割にとどまるのを当然とするケースが多い。このため、男性と同様に仕事を持ちたいと願う女性や、格差社会の中で夫の収入に頼った生活ができず働かざるを得ない女性は、結婚・出産を断念せざるを得ない場合が多い。儒教的な家族・社会の仕組みにはほかにも、結婚観・家族観が大きく変化した現代の西洋社会で広く認められている婚外子の出産や「一人前に働いていない」人間（例：学生）の結婚を強く忌避する、カトリックのように妊娠中絶を否定しないなど、結婚・出産にマイナスに働く要素がいろいろある。人口減や労働力不足への対策としては、移民の受け入れがよそ者を嫌う思想によって阻まれている点も見逃せないだろう。

第二は教育を重んじ試験の成績で人間に価値を付ける発想である。それは経済成長とともに急速な教育の普及を後押ししてきた反面で、東アジア諸国に世界に例の少ない受験競争を引き起こし、教育費の高騰は子供の数を減らす強力な要因となってきた。教育水準の上昇が、晩婚化や「親のため、家のため、夫のため」でない生き方を選ぶ若者の増加につながったのも、女性だけの話ではない。とりわけ日本で強固な「学校を出たらすぐに職に就き一生働く」伝統は、おおぜいが博士号をもつ社会、職場と大学・大学院を行ったり来たりしながらスキルアップ・キャリアアップをする社会の実現を拒否してきた。

第三は「国家や目上の人の指示には服従する一方で、なるべく国家や目上の力は借りずに勤勉に働いて暮らしを立てる」という発想である。これは経済成長のわりに政治的民主化が遅れたり人権意識が根付かない原因になるだけではない。長距離通勤や長時間労働（東アジアの長時間労働は世界でもきわだつ）を当然とする企業やサラリーマンも、やはりこの思想の産物と言えないだろうか。かりに正社員の男性が望んでも、家事・育児はおろかセックスの十分な時間がとれない（しかし非正規労働者では収入が少なくて結婚・育児ができない）。しかも北欧型高福祉や仏・英式の出産・育児への公的支援には、「育てられないなら生むな」といった自己責任論にもとづく反発が強い。

以上の全体として、東アジアでも二〇世紀末から進んだ結婚や家族のあり方の変化と個々人の生き方や価値観の承認はこれまでのところ、集団や国家への同調圧力を軽減せずうまく行かない個人の自己責任ばかり攻撃するような「個人主義なき個人化」の壁を突破できていない。それでは個々人の結婚生活に関する自己決定権も、非婚や少子化の方向に作用することが多いに決まっている。

アジアでトップのフィリピンを含めジェンダー格差の点では日中韓よりずっとましで、今はまだ「若い国々」「発展する市場」に見える東南アジア諸国も、少子化の傾向は顕著である。前章の表（資料6−4）で示した通り、タイの総人口減少は目の前に迫っており、インドネシアやフィリピンですら、多数を占めるムスリムやカトリック教徒の存在にもかかわらず、遠くない将来にTFRが二を切ると予測されている。シンガポールを除く東南アジア諸国の経済水準はまだ先進工業国レベルには達せず、日本社会がその気になれば利用できたような大規模な人口ボーナスを受け取っていない点に悩みがある。ともあれ、現在の日本は多くの技能実習生や介護人材を東南アジアから迎えているが、円の対ドルレートが一九八五年のプラザ合意直後のレベルに戻りつつあり、しかも東南アジア諸国の所得水準が当時よりははるかに上がった状況下で、いつま

1990年			2000年			2010年			2020年		
順位	国名	(ドル)	順位	国名	(ドル)	順位	国名	(ドル)	順位	国名	(ドル)
1	スイス	38,666	1	ルクセンブルク	49,183	1	ルクセンブルク	106,185	1	ルクセンブルク	116,921
2	ルクセンブルク	33,204	2	日本	38,534	2	ノルウェー	87,309	2	スイス	87,367
3	スウェーデン	29,794	3	ノルウェー	38,067	3	スイス	74,908	3	アイルランド	85,206
4	フィンランド	28,507	4	スイス	38,007	4	カタール	72,953	4	ノルウェー	67,326
5	ノルウェー	28,189	5	米国	36,433	5	サンマリノ	64,631	5	米国	63,358
6	デンマーク	26,922	6	アラブ首長国連邦	34,689	6	デンマーク	58,177	6	デンマーク	61,154
7	アラブ首長国連邦	26,622	7	アイスランド	31,571	7	オーストラリア	56,360	7	シンガポール	59,795
8	アイスランド	25,581	8	デンマーク	30,804	8	スウェーデン	51,869	8	アイスランド	59,643
9	日本	25,196	9	カタール	29,914	9	マカオ	50,921	9	カタール	54,185
10	米国	23,914	10	スウェーデン	29,252	10	オランダ	50,433	10	オーストラリア	52,905
11	フランス	22,600	11	イギリス	27,828	11	アイルランド	48,674	11	オランダ	52,456
12	オーストリア	21,779	12	アイルランド	26,154	12	米国	48,310	12	スウェーデン	52,129
13	カナダ	21,495	13	オランダ	25,996	13	カナダ	47,513	13	フィンランド	48,786
14	オランダ	21,002	14	香港	25,578	14	オーストリア	46,757	14	オーストリア	48,593
15	イタリア	20,691	15	オーストリア	24,589	15	シンガポール	46,569	15	香港	46,657
16	イギリス	20,668	16	フィンランド	24,347	16	フィンランド	46,392	16	サンマリノ	46,282
17	ベルギー	20,229	17	カナダ	24,221	17	ベルギー	44,691	17	ドイツ	46,216
18	ドイツ	20,174	18	ドイツ	24,009	18	日本	44,674	18	ベルギー	44,688
19	オーストラリア	18,866	19	シンガポール	23,793	19	ドイツ	42,642	19	イスラエル	44,181
20	バハマ	16,076	20	フランス	23,318	20	フランス	42,249	20	カナダ	43,295
21	カタール	15,446	21	ベルギー	23,303	21	アイスランド	41,623	21	ニュージーランド	41,165
22	ブルネイ	15,423	22	イスラエル	21,053	22	イギリス	38,738	22	イギリス	40,394
23	スペイン	13,650	23	バハマ	20,894	23	イタリア	35,658	23	フランス	40,299
24	アイルランド	13,642	24	オーストラリア	20,860	24	ブルネイ	35,437	24	日本	40,089
25	ニュージーランド	13,363	25	ブルネイ	20,511	25	アラブ首長国連邦	35,076	25	アラブ首長国連邦	38,661
26	香港	13,281	26	イタリア	20,117	26	ニュージーランド	33,222	26	アンドラ	36,631
27	シンガポール	12,766	27	クウェート	17,013	27	香港	32,421	27	マカオ	35,621
28	イスラエル	12,470	28	プエルトリコ	16,192	28	クウェート	32,216	28	プエルトリコ	32,645
29	イラン	10,493	29	台湾	14,877	29	キプロス	31,262	29	韓国	31,638
30	キプロス	10,360	30	スペイン	14,725	30	スペイン	30,803	30	イタリア	31,604
31	バーレーン	10,180	31	キプロス	14,465	31	イスラエル	30,654	31	マルタ	28,955
32	ギリシャ	9,681	32	バーレーン	14,215	32	ギリシャ	26,973	32	台湾	28,358
33	プエルトリコ	8,676	33	ニュージーランド	13,978	33	プエルトリコ	26,436	33	スペイン	27,179
34	クウェート	8,588	34	ギリシャ	12,268	34	スロベニア	23,500	34	キプロス	26,785
35	台湾	8,178	35	韓国	11,947	35	赤道ギニア	23,412	35	ブルネイ	26,061
36	バルバドス	8,095	36	バルバドス	11,600	36	バハマ	22,958	36	バハマ	25,734
37	ポルトガル	7,941	37	ポルトガル	11,536	37	ポルトガル	22,581	37	スロベニア	25,549
38	サウジアラビア	7,735	38	アンティグア・バーブーダ	10,981	38	韓国	22,087	38	バーレーン	23,590
39	アンティグア・バーブーダ	7,623	39	マルタ	10,441	39	マルタ	21,150	39	エストニア	23,036
40	リビア	7,194	40	スロベニア	10,286	40	バーレーン	20,828	40	チェコ	22,943
41	ガボン	6,816	41	サウジアラビア	9,257	41	オマーン	20,327	41	クウェート	22,684
42	韓国	6,513	42	セントクリストファー・ネイビス	9,224	42	チェコ	19,831	42	アルバ	22,483
43	オマーン	6,341	43	アルゼンチン	8,387	43	台湾	19,262	43	ポルトガル	22,149
44	セーシェル	5,303	44	オマーン	8,121	44	サウジアラビア	19,113	44	サウジアラビア	19,996
45	セントクリストファー・ネイビス	4,970	45	パラオ	7,728	45	トリニダード・トバゴ	16,684	45	リトアニア	19,981
46	アルゼンチン	4,710	46	セーシェル	7,579	46	スロバキア	16,635	46	スロバキア	19,145
47	トリニダード・トバゴ	4,148	47	リビア	7,388	47	バルバドス	16,080	47	ギリシャ	17,657
48	トルコ	3,747	48	ウルグアイ	6,817	48	エストニア	14,652	48	ラトビア	17,549
49	セントルシア	3,687	49	メキシコ	6,736	49	アンティグア・バーブーダ	13,613	49	セントクリストファー・ネイビス	17,173
50	ハンガリー	3,302	50	トリニダード・トバゴ	6,431	50	クロアチア	13,505	50	ウルグアイ	16,023
52	メキシコ	3,211	70	ブラジル	3,779	59	ブラジル	11,298	64	中国	10,511
53	ブラジル	3,172	77	南アフリカ	3,039	66	メキシコ	9,200	77	メキシコ	8,404
54	南アフリカ	3,140	124	中国	959	78	南アフリカ	7,381	88	ブラジル	6,823
105	インドネシア	771	127	インドネシア	870	98	中国	4,524	95	南アフリカ	5,625
110	ナイジェリア	686	136	パキスタン	583	118	インドネシア	3,178	116	インドネシア	3,922
123	パキスタン	496	138	ナイジェリア	570	133	ナイジェリア	2,365	146	ナイジェリア	2,083
129	インド	385	149	インド	463	144	インド	1,423	147	バングラデシュ	1,962
134	中国	349	154	バングラディシュ	412	159	パキスタン	1,027	150	インド	1,930
137	バングラデシュ	329				164	バングラディシュ	808	163	パキスタン	1,255

資料7－1　一人当たりGDPの推移（1人当たりGDPランキングの推移（1990年・2000年・2010年・2020年）

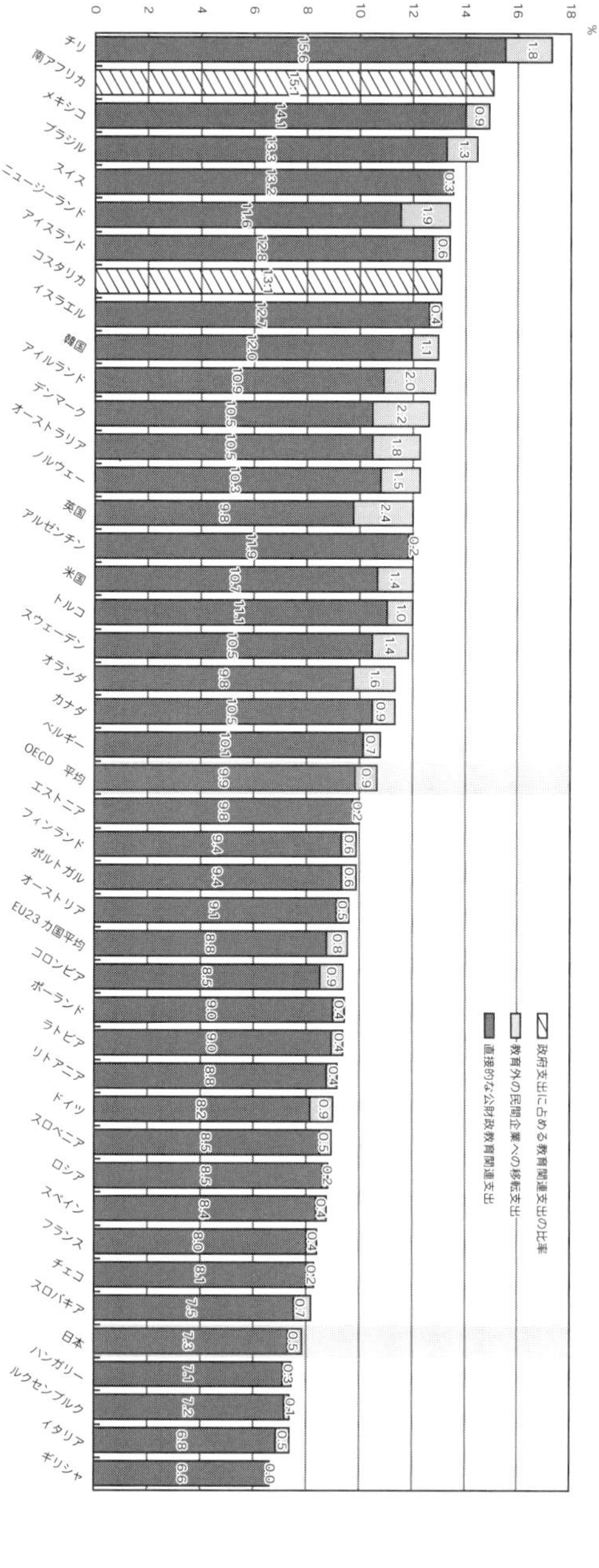

資料7－2　ＯＥＣＤ加盟諸国の教育支出の対ＧＤＰ比

で日本は東南アジアの人材を当てにすることができるだろうか。

こうしたことも考えながら、右ページにもあげたような世界における日本の地位に関連するいくつかの数値を押さえておこう。勤勉革命的な「ものごとを安上がりに実現する発想」は教育投資を抑え、結局国家のＧＤＰを停滞させていないだろうか。

かつてアメリカなどで展開した近代化論においては、非西洋地域の近代化の成否がその地域の「伝統」によって決まるという議論が広くおこなわれたが、その場合に「近代」のモデルは欧米型でしかなかったし、「伝統」はいつの時代のものかわからない非歴史的なもので、そこには近代の直前にできたもの、近代になってからできた「非近代的なもの」などを多く含んでいた。現在でも「美しい日本」や「中華の復興」を唱える人々は多く「伝統と近代の両立」を希求するが、その場合の「伝統」と「近代」もやはり、「伝統」は非歴史的なごった煮であり、「近代」が「西洋化」に均しい単純なものであるのが普通だ。本書の読者がこれ対し、より多元的な「近代」のあり方と、そこでの近世史という特定の時代の枠組みが現代に残した強い影響力に気づいていただければ幸いである。

たとえば、一方で新自由主義の極致ともいうべき社会を作りつつ「一帯一路構想」に驀進する「大きな中国」の動き。他方ではグローバル化と新自由主義に対抗するために（ウルトラナショナリズムを別とすれば）安定した団体型社会の再建、つまり與那覇潤《よなはじゅん》（二〇一四ほか）のいう「再江戸時代化」にこだわる日本社会。両方を貫く「成長パラノイア」（川北稔の表現）とジェンダー格差への鈍感さ。これらを一般的に「悪しき伝統」「アジア的後進性」などとくくって安心するよりも、われわれはそれ以前の時代とは違った近世社会の特徴、それが現代に残存したりよみがえったりしている側面を学ぶべきである。また少なくとも日本の場合は、苅谷剛彦が指摘するように、「近代」（近代化、近代性）を自己の外部に存在する特定の完成したゴール——中身はたまたま自分が認知した段階・種類の「近代」——を意味するものと思い込み、戦略については考えないままで戦術・戦闘レベルの努力と工夫（経済学などでいう部分最適化）に集中する。結果は「近代化の優等生という名の過剰適応」や、細かいところの正確な実現に気を取られて大局を見失う「考え方のインヴォリューション」が起こる、思い込んだ「近代化」（一九〜二〇世紀的なそれ）が達成されると目標喪失に陥る、などの事態が顕在化している。

一九七〇〜八〇年代までの世界の新しい動きにはまあまあ適応していた日本社会において、歴史学と歴史教育の内容・方法を含めて九〇年代以降の新しい考えややり方（そこには一九七〇年前後から提起されたり伏在していた要素が多い）の多くは拒否されたり、「それ一つを万能の切り札と見なす」ことを含めて断片的な理解・受容しかされていない。むしろ「習い覚えたもう一段階ないし二段階前の近代性」（それが近世に連続する）にしがみつく動きが目立つ。では、他の東アジア諸国にも似た動きはないだろうか。

三、過去から未来への問い

右の解答例に納得できないところのある読者は、自分で問いを立て資料を探して調べていただこう。「歴史総合」を含む新課程の学校教育は、教科書や教員の与える「正しい結論」を理解し覚えるために設計されたものではない。どの教科・科目でも、学習の最後には学習者みずからが、そこまでに学んだ知識や考え方をもとにして問いを立て主題学習（テーマ学習）をおこなうことが期待されている。読者にもぜひ、自分の問いを立てていただきたい。それを通じて、未来について仲間と議論していただきたい。

その際に著者があらかじめ示しておきたい問いがある（問いの番号は「まえがき」から連続している）。読者にはぜひ、これらを「自分に突きつけられた問い」だと考えていただきたい。

問三――今後も日本やその他の東アジア諸国の人々は、「アジアで唯一近代化に成功した日本」という像を

維持すべきだろうか？　そもそもそこでいう近代化はどんな近代化だったろうか？

問四――東アジア諸国間の近世・近代史、そこに成立したそれぞれの「伝統社会・伝統文化」や「国民性」の共通点と差異を踏まえて、今後どんな相互理解と共存・協力が求められるだろうか。その際に、現在の諸国でそれぞれの形態で進んでいる漢字文化の素養の衰退は放っておいてもよいものだろうか。

それなりに本書に納得できたという方に対しては、以下の問いをお考えいただこう。なお最後まで理屈張って恐縮だが、「歴史はすべて必然である」という考えと、「歴史にイフはない」という有名なE・H・カーの命題を間違って結合させている歴史教員が今でも見られる。だが後者は「あそこであなしていればこうなったはずなのに」といった議論にしがみついて自分たちの敗北の原因の究明から目をそらすような「未練学派」を批判したものであって、歴史に仮定や複数の可能性を持ち込むことを否定したものではない。カーの『歴史とは何か』の新訳（E・H・カー二〇二二）が出たことをご存じの読者も多いだろうから、確かめていただきたい。そして歴史が必然か偶然かというのは（前者を主張したのはマルクスだけというのはひどい誤解である）「神学論争」に類する。その中で現在の教育改革が基礎とし著者も賛成しているのは、「複数の可能性の中で人々の選択の結果として生まれ、動く歴史」である。

問五――COVID‐19騒ぎで、「強制終了」させねばならない日本の仕組みには、どんなものがあるだろうか。

問六――その後にはどんな世界と日本がやってくるのだろうか？

☞ワンポイント解説 7-1

中世日本の国家体制（朝廷・公家、武家、寺社などの諸「権門《けんもん》」が国家権力を分有しつつゆるやかに結びついた状況を本来の姿と考えた）の一部として寺社勢力を重視した黒田俊雄が唱え、平《たいら》雅行（1992 ほか）が発展させたのが「顕密体制論」である。鎮護国家の旧仏教を古代的な朝廷権力と結びつけ、「武士（と農民）が開いた中世」を宗教面で体現するのが「鎌倉新仏教」だという従来の説明は、これによって崩された。すなわち親鸞・日蓮らの思想は解説 2-1 でも触れた通り、出現当時は「異端」に過ぎず、それが組織化された「宗派」として意味をもったのは戦国時代（さすがに既成の宗教は権威を失っていた）である。

それ以前の中世社会（律令体制解体で国家による宗教護持が困難になった時代）を支配したのは、旧仏教（そこでの「宗派」は教義解釈や活動形態の違いをさすが、近世のような互いに独立した組織ではない）が神祇や新来の禅宗・律宗をも取り込みつつ変身した「顕密仏教」であった。それは高度な教学の一方での呪術的な側面（収穫の豊凶などにも影響すると考えられていた）、それに各種の芸術・文化や技術・軍事力（武家以外に公家や寺社に仕える武士もたくさんいたのが中世である）などを組み合わせた総合産業であった。その総合産業が、末法思想なども利用して国家・社会の不安感につけ込み、困難を乗り越えられそうな希望を与える最新の講論や儀礼・芸能と強訴など相手を脅す方法の両方を駆使することによって、上は院・朝廷や幕府から下は荘園・村落社会までを影響下に置くことに成功したと考えられるのである。なお中世・近世日本で、中国や朝鮮半島との交流・往来を維持した禅宗（もともと中国で儒教や道教を含めた学問を修めることを当然視していた）が、日明・日朝外交での活躍に見られる通り「グローバル人材」の養成・供給を担当し続けたことも無視できない（鎖国後は対馬・朝鮮外交を除き林家など儒者に機能を奪われるが）。朝廷・公家をしだいに圧する武家権門の成長の背景としては、この禅宗とうまく結びついたことも無視できない。

この二つの問いに対しては、地球環境の危機、世界の覇権の移動（?）、権威主義と個人化のもとでの民主主義のゆくえ、科学技術や都市と工業のありかたの変化などいろいろなファクターを考える必要があるだろう。そのうえで問五については、自治体ごとの対策の違いと一度決めたことを変えられない政治の無策、それに「穢れは外から来る」と言わんばかりの対外閉鎖策などの背景に近世以来の「悪しき伝統」が働いていないかに注意しながら、答えを考えていただこう。問六については以下の三つの候補をあげたい。

- 候補1：近世への逆戻りないし近世の再現⇩ただし江戸時代的近世［中間搾取は否定され、ムラや藩など団体・業界を通して農家経営に一定の保証がある。家単位での人口の再生産が強制／保証されている］というより、もっと新自由主義的、ネットワーク主義でグローバルな中国的近世ないしは、両者のワーストミックス（与那覇二〇一四）かもしれない。また日本の場合、よそ者に

☞ワンポイント解説 7-2

右のワンポイント解説 7-1 とも関連するが、第二次世界大戦後の日本の学校教育が全体として低レベルなまま来てしまった領域に、軍事・戦争と宗教があるだろう。後者については、軍国主義（皇国史観）への反省が宗教にフタをすることにつながったという問題以外に、キリスト教（特にプロテスタント）こそが「正しい宗教」だという思い込みの悪影響も小さくない。しかも何度も切り返すが、かつて漢字圏のインテリがだれでも持っていた儒教の基礎知識はもはやない。一方に「日本人は無宗教だ」（アメリカでそんなことを明言したら共産主義者に間違われかねないことはわかっているか？）という思い込み、他方に元首相暗殺で噴出した「新興宗教はすべて危険な集団だ」という決めつけ（植民地・元植民地などでなぜそれが発生し、それにすがる現代人がなぜいなくならないかの省察はしないでよいのか？）など、宗教への無理解がかえって社会を危うくすることは多い。

は一方的に「郷に入っては郷に従え」を求め、「自分たちのやり方をわかりやすく教える」発想と能力をひどく欠いた社会の再現か。

●候補2：新しい中世⇩高くない生産力と「鎖国」に踏み切れないが朝貢体制との縁を切れない状況下で、自力救済を強いられつづける状況［公共機能の一元的な担い手が存在せず（米は生産農民、中間の地主など、領主権力が三分の一ずつ取る）、農民に借金と破産の自由がある社会、人間の再生産が保証されていない社会。ただし二股かける生存戦略や「片言バイリンガル」は当たり前の社会］が延々と続く？

●候補3：権威主義と政治的・ジェンダー的な家父長制（労働と出産の強制を含む）を引きずらず、「中進国が人海戦術で追いつけ追い越せをはかる」のではない、第三のモデル？ ついでに脱線だが、そこでは中世日本の顕密仏教（ワンポイント解説7－1）や近世東アジアの朱子学（第四章参照）のように、学知と教育から庶民生活まで総合的に支配するような人文学（科学技術や国際性も保証する）も可能になる。

左頁の写真は村の守護神を祀ったディン（亭）と呼ばれる神社兼集会所の年に一度の祭礼の写真だが、ディンは先述の近世村落共同体の核になる建築で、その祭礼は儒教式・男性中心のものとされてきた。その対極で、中世に性差が少なかった仏寺が近世には女性の場という色彩を帯びる。ところがこの村では、抗仏戦争中に「女官会」が作られて祭礼に加わり、宗教や祖先祭祀が事実上禁止されていた社会主義時代を経てドイモイが始まると、一九九五年から女官会が復活して祭礼の運営に加わるようになったという。各地でのホー・

チ・ミン信仰などとならぶ「伝統の創造」の興味深い一形態と言えるだろう。こういうことを行う一方で、実質GDPを三〇年間で世界の中位まで引き上げ、二〇二一年の一時期を除けばCOVID−19の封じ込めでも好成績を挙げてきたベトナムに、われわれは何を学ぶことができるだろうか。

こういう問題が自分たちの死活の課題だ（もちろん唯一の課題という意味ではないが）と認識し可能なら自分で研究しようと考える若者を、日本でも他の諸国でも大幅に増加させることが、現在の危機的な世界と地域・諸国家の状況を救うために歴史学・歴史教育の専門家がすべきことがらの一つだと、著者は確信している。加えてそれが、本書の書きぶりをとりあえずは「意識高い系」の著作あるいは「反日の自虐史観」と感じて反発し、その一方で生きづらさの持って行き場を見つけられないような人々の心をほんの少しでも波立たせ、「おや？」という好奇心をそそることまでできたら、学者人生も終盤を迎えている著者にとっては万々歳である。

その先で人々は気づくだろう。「社会」は存在する。「公共圏」「親密圏」をつくることはできる。「イヤなら日本を出ていけ」などと言わずに政府や社会を批判していいのだ。ブラックで不平等な仕組みへの批判は、そこで耐えて頑張っている自分を否定することではない、と。

資料 7-3　現代ベトナムの村祭り

〈資料出典・参考文献〉

〈資料〉

資料0‐1　『高等学校学習指導要領解説地理歴史編』（文部科学省二〇二一：一頁）から引用。
資料0‐2　世界主要地域のGDPの変遷　（杉原二〇二〇：三頁）から引用。
資料0‐3　東アジア諸国の合計特殊出生率の推移　内閣府「世界各国の出生率」から引用。https://www8.cao.go.jp/shoushi/shoushika/data/sekai-shusshou.html
資料1‐1　『佩文韻府』（四庫全書本）／巻〇〇一之一―维基文库、自由的图书馆（wikisource.org）
資料1‐2　クビライが一二六五年に日本に送った「蒙古国牒状」東大寺尊勝院に残っている写し（広辞苑無料検索等に読み下しがある）から引用、桃木が現代語に訳したもの。
資料1‐3　李済川『越甸幽霊集』「却敵威敵二大王伝」台湾学生書局「越南漢文小説叢刊」（一九七八年）から引用、桃木が訳したもの。
資料2‐1　マックス・ウェーバー『プロテスタンティズムの倫理と資本主義の精神』（梶山力訳、有斐閣一九三八年、九頁）、プロテスタンティズムの倫理と資本主義の精神、国立国会図書館デジタルコレクション（ndl.go.jp）。
資料2‐2　マラッカの繁栄を伝えるポルトガル人トメ・ピレスの『東方諸国記』岩波書店『大航海時代叢書』第Ⅰ期5巻『東方諸国記』四五五、四九三～四九五頁。
資料2‐3　一六世紀初めのマラッカで聞かれた日本情報　『東方諸国記』二五〇～二五一頁。
資料2‐4　一七世紀初頭の朱印状の渡航先別発給数　（岩生一九八五：一七一頁）から引用。

資料3−1　中国の人口の変遷　「大学入学共通テスト」試行テスト世界史問題（二〇一七年度）掲載のグラフ（大学入試センター二〇一七・二〇一八）　https://www.dnc.ac.jp/sp/corporation/daigakunyugakukibousyagakuryokuhyoka_test/pre-test.html

資料3−2　日本列島の人口の変遷　（深尾・中村・中林二〇一七ａ：六一頁）から引用。

資料3−3　世界主要地域の人口の変遷　（坪内一九八五：一頁）から引用。

資料3−4　近世末の東アジア稲作の生産性（数字は一ヘクタールあたりモミ収量・単位はトン）（杉原二〇二〇：三五頁）から引用。

資料3−5　江戸時代の日本の人口と経済成長率　（深尾・中村・中林編二〇一七ｂ：二八五頁）から引用。

資料4−1　『大義覚迷録』　大義覺迷錄：大義覺迷錄 - 中國哲學書電子化計劃（ctext.org）から引用、桃木が現代日本語訳したもの。

資料4−2　江戸時代の家族・世帯構造の地域性　（落合（編）二〇一五：一四頁）から引用。

資料4−3　ベトナムの家譜　ハイズオン省ナムサック県ホップティエン社で八尾隆生氏の調査隊が二〇一〇年一二月に撮影したもの。

資料5−1　ペリーの日本遠征の記録　（渡辺二〇二〇：八六―八七頁）から引用

資料5−2　ホー・チ・ミンが書いたベトナム民主共和国独立宣言　Văn bản: Tuyên ngôn Độc lập (Hồ Chí Minh) - SGK Ngữ văn 12, tập 1 - Theki.vn から引用、桃木が訳したもの。

資料6−1　二〇〇五年世界サミット成果文書の「ジェンダー平等および女性の地位向上」の項（外務省による仮訳　https://www.mofa.go.jp/mofaj/gaiko/unsokai/pdfs/050916_seika.pdf#search='%E4%B8%96%E7%95%8C%E3%82%B5%E3%83%9F%E3%83%83%E3%83%88+%E6%88%90%E6%9E%9C%E6%96%87%E6%9B%B8'）

資料6－2　世界経済フォーラムのジェンダーギャップ指数（二〇二一年版）。
資料6－3　日本の在留外国人数　出入国在留管理庁「令和三年六月末現在における在留外国人数について」（令和三年六月末現在における在留外国人数について　出入国在留管理庁（moj.go.jp））。
資料6－4　日本と東南アジアの人口減への道（鬼頭二〇一九より）。
資料7－1　一人当たりGDPの推移（一人当たりGDPランキングの推移（一九九〇年・二〇〇〇年・二〇一〇年・二〇二〇年）／日本の地位は低下傾向―ファイナンシャルスター（finance-gfp.com）。
資料7－2　OECD加盟諸国の教育支出の対GDP比（OECD, Education at a Glance 2020に掲げる二〇一七年の数値。出典：OECD、二〇二〇年版「図表でみる教育」を発行：教育とICT Online（nikkeibp.co.jp）。
資料7－3　現代ベトナムの村祭り　北部・ナムディン省ゴイ町のゴイ神社（二〇〇四年一一月筆者撮影）。

（参考文献）


秋田茂（編著）二〇一三『アジアからみたグローバルヒストリー：「長期の一八世紀」から「東アジアの経済的再興」へ』ミネルヴァ書房。

秋田茂（編）二〇一九『世界史叢書2　グローバル化の世界史』ミネルヴァ書房。

秋田茂・桃木至朗（編）二〇二〇『グローバルヒストリーから考える大学歴史教育―日本史と世界史のあいだで』大阪大学出版会。

秋田茂・脇村孝平二〇二〇『世界史叢書八　人口と健康の世界史』ミネルヴァ書房。

足立啓二一九九八『専制国家史論』柏書房。

アンソニー・リード（太田淳ほか訳）二〇二一［原著二〇一五］、『世界史のなかの東南アジア　歴史を変える交差路（上下）』名古屋大学出版会。

アンダーソン、ベネディクト（白石隆・白石さや訳）二〇〇七［一九九一年改訂版からの翻訳。原著の初版は一九八三年］『定本　想像の共同体：ナショナリズムの起源と流行』書籍工房早山。

E・H・カー（近藤和彦訳）二〇二二［原著一九六一］『歴史とは何か』岩波書店。

飯島明子・小泉順子（編）二〇二〇『世界歴史大系　タイ史』山川出版社。

岩生成一（いわお・せいいち）一九五三「近世日支貿易に関する数量的考察」『史学雑誌』62—11。

岩生成一一九八五『新版朱印船貿易史の研究』吉川弘文館。

上田信（うえだ・まこと）二〇二〇『人口の中国史：先史時代から一九世紀まで』岩波新書。

梅棹忠夫（うめさお・ただお）一九九八［初出一九六六］『文明の生態史観』中公文庫。

エマニュエル・トッド（荻野文隆訳）二〇〇八［原著一九九九］『世界の多様性 家族構造と近代性』藤原書店。

大泉啓一郎二〇〇七『老いてゆくアジア』中公新書。

大泉啓一郎二〇二〇「現代アジアの少子高齢化」秋田・脇村（編）二〇二〇所収。

大阪大学歴史教育研究会二〇一四『市民のための世界史』大阪大学出版会。

大島真理夫（編）二〇〇九『土地希少化と勤勉革命の比較史』ミネルヴァ書房。

大橋厚子二〇二二「東南アジアにおける植民地型政府投資の光と影」小川幸司（責任編集）『岩波講座世界歴史11　構造化される世界　一四～一九世紀』所収。

岡田雅志二〇二〇「肉桂と徳川期日本―モノから見るグローカルヒストリー構築へ向けて―」秋田茂・桃木至朗（編）二〇二〇所収。

小川道大（おがわ・みちひろ）二〇一六「近世インドの農村における農民と「家」」比較家族史学会（監修）

二〇一六所収。

落合恵美子（編著）二〇〇六『徳川日本のライフコース　歴史人口学との対話』ミネルヴァ書房。

落合恵美子（編）二〇一三『変容する親密圏／公共圏1　親密圏と公共圏の再編成　アジア近代からの問い』京都大学学術出版会。

落合恵美子（編著）二〇一五『徳川日本の家族と地域性　歴史人口学との対話』ミネルヴァ書房。

落合恵美子二〇一九『二一世紀家族へ　家族の戦後体制の見かた・超えかた（第四版）』（ゆうひかく選書）。

垣内恵子二〇一五『朱子学入門』ミネルヴァ書房。

加藤陽子二〇〇九『それでも、日本人は「戦争」を選んだ』朝日出版社。

苅谷剛彦二〇一九『追いついた近代　消えた近代　戦後日本の自己像と教育』岩波書店。

岸本美緒一九九八「東アジア・東南アジア伝統社会の形成」『岩波講座世界歴史13　東アジア・東南アジア伝統社会の形成16—18世紀』岩波書店。

岸本美緒二〇〇六「中国史における「近世」の概念」『歴史学研究』八二一。

岸本美緒二〇二一『史学史管見（明清史論集4）』研文出版。

鬼頭宏二〇一九「日本列島における人口の長期波動と文明システムの転換」東南アジア学会第一〇一回大会シンポジウム「東南アジアと日本の長期変動：人口変動・労働移民・少子高齢化」二〇一九年一一月二三日・静岡立大学。

木下光生二〇一七『貧困と自己責任の近世日本史』人文書院。

ギアツ、クリフォード（小泉潤二訳）一九九〇［原著一九八〇］、『ヌガラ—19世紀バリの劇場国家』みすず書房。

ギアーツ、クリフォード（池本幸生訳）二〇〇一［原著一九六三］、『インボリューション　内に向かう発展』

NTT出版。

黒田明伸二〇二〇［初版二〇〇三］．『貨幣システムの世界史：〈非対称性〉をよむ　増補新版』岩波現代文庫。

K・ポメランツ（川北稔監訳）二〇一五［原著二〇〇〇］『大分岐―中国、ヨーロッパ、そして近代世界経済の形成―』名古屋大学出版会。

小島毅（こじま・つよし）二〇一七『儒教が支えた明治維新』晶文社。

小浜正子（こはま・まさこ）二〇二〇「ジェンダーとリプロダクションからみる中国の人口史」秋田・脇村（編）二〇二〇所収。

小浜正子・落合恵美子（編）二〇二二『東アジアは「儒教社会」か？　アジア家族の変容』京都大学出版会。

小浜正子・下倉渉・佐々木愛・高嶋航・江上幸子（編）二〇一七『中国ジェンダー史研究入門』京都大学学術出版会。齊藤修二〇一三［初出一九八五］、『プロト工業化の時代：西欧と日本の比較史』日本評論社。

佐藤正幸二〇〇四『歴史認識の時空』知泉書館。

下夷美幸（しもえびす・みゆき）二〇一九『日本の家族と戸籍　なぜ「夫婦と未婚の子」単位なのか』東京大学出版会。

杉原薫一九九六『アジア間貿易の形成と構造』ミネルヴァ書房。

杉原薫二〇二〇『世界史のなかの東アジアの奇跡』名古屋大学出版会。

杉山清彦二〇一五『大清帝国の形成と八旗制』名古屋大学出版会。

杉山正明二〇一〇［初出一九九五］、『クビライの挑戦：モンゴルによる世界史の大転回』講談社学術文庫。

妹尾達彦（せお・たつひこ）二〇一八『グローバル・ヒストリー』中央大学出版部。

平雅行（たいら・まさゆき）一九九二『日本中世の社会と仏教』塙書房。

多田哲久二〇一六「家・同族論からみた家族企業の全体像――三井の別家に注目して」比較家族史学会（監修）

二〇一六所収。

谷本雅之二〇〇三「近代日本の女性労働と「小経営」」氏家幹人・桜井由幾・谷本雅之・長野ひろ子（編）日本近代国家の成立とジェンダー』柏書房（KASHIWA学術ライブラリー05）所収。

趙景達（チョン・キョンダル）、須田努（編）二〇一一『比較史的にみた近世日本――「東アジア化」をめぐって』東京堂出版。

ド・フリース、ヤン（吉田敦・東風平太一訳）二〇二一［原著二〇〇八］、『勤勉革命――資本主義を生んだ17世紀の消費行動』筑摩書房。

坪内良博一九八五『東南アジア人口民族誌』勁草書房。

鶴見良行一九九九［初出一九九〇］、『鶴見良行著作集9　ナマコ』みすず書房。

中澤達也（編）二〇二二『王のいる共和制』山川出版社。

中島楽章二〇一九「一七世紀の全般的危機と東アジア」秋田茂（責任編集）二〇一九所収。

中村哲（なかむら・さとる）一九七七『奴隷制・農奴制の理論』青木書店。

中村哲二〇〇〇『近代東アジア史像の再構成』桜井書店。

中村哲二〇一九『東アジア資本主義形成史論』汲古書院。

西田祐子二〇二二『唐帝国の統治体制と「羈縻」』山川出版社。

羽田正（はねだ・まさし）（編）・小島毅（監修）二〇一三『東アジア海域に漕ぎだす1　海から見た歴史』東京大学出版会。

濱下武志・川勝平太（編）一九九一『アジア交易圏と日本工業化1500―1900』リブロポート。

速水融（はやみ・あきら）一九九七『歴史人口学の世界』岩波書店。

比較家族史学会（監修）、加藤彰彦・戸石七生・林研三（編著）二〇一六『家族研究の最前線①　家と共同性』日本経済評論社。

平井晶子二〇一五「家の確立と家産の継承」落合（編）二〇一五所収。

平井太規（ひらい・たいき）二〇一三「「第二の人口転換」における「家族形成の脱標準化の検証」―日本・台湾・韓国の出生動向：子供の性別選好の観点からのアプローチ」『フォーラム現代社会学』12（https://www.jstage.jst.go.jp/article/ksr/12/0/12_kj00008684958/_pdf/-char/ja）

平尾良光・村井章介・飯沼賢司（編）二〇一四『大航海時代の日本と金属交易（別府大学文化財研究所企画シリーズ3―ヒトとモノと環境が語る）』思文閣出版。

ファム・レ・フイ二〇二二「「南国山河」と「天書降下」　ベトナムの独立宣言にみえる異文化コミュニケーション」国際シンポジウム「日本と東アジアの〈異文化交流文学史〉」報告、二〇二二年一一月五日、立教大学。

深尾京司・中村尚史・中林真幸（編）二〇一七a『岩波講座日本経済の歴史1　中世』岩波書店。

深尾京司・中村尚史・中林真幸（編）二〇一七b『岩波講座日本経済の歴史2　近世』岩波書店。

服藤早苗（ふくとう・さなえ）（監修）二〇一一『歴史のなかの家族と結婚』（森話社）。

古田元夫　一九九九「地域区分論――つくられる地域、こわされる地域――」『岩波講座世界歴史1　世界史へのアプローチ』岩波書店。

古谷大輔・近藤和彦（編）二〇一六『礫岩のようなヨーロッパ』山川出版社。

マックス・ウェーバー（梶山力訳）一九三八『[原著一九〇四–五]プロテスタンティズムの倫理と資本主義の精神』有斐閣。

松川雅信二〇二〇『儒教儀礼と近世日本社会　闇斎学派の『家礼』実践』勉誠出版。

マディソン、A.（政治経済研究所監訳）二〇一五［原著二〇〇七］、『世界経済史概観　紀元一年―二〇三〇年』岩波書店。

水島司二〇一〇『グローバル・ヒストリー入門』山川出版社（世界史リブレット127）。

水島司・加藤博・久保亨・島田竜登（編）二〇一五『アジア経済史研究入門』名古屋大学出版会。

三谷博（みたに・ひろし）二〇一二『明治維新を考える』岩波現代文庫。

三谷博・李成市・桃木至朗二〇二〇［初出二〇一六］、「「周辺国」の世界像：日本・朝鮮・ベトナム」三谷博『日本史のなかの「普遍」：比較から考える「明治維新」』東京大学出版会。

三成美保（みつなり・みほ）・姫岡とし子・小浜正子（編）二〇一四『歴史を読み替える　ジェンダーから見た世界史』大月書店。

宮嶋博史一九九四「東アジア小農社会の形成」溝口雄三ほか編『アジアから考える6　長期社会変動』東大出版会。

宮嶋博史二〇〇六「東アジア世界における日本の「近世化」―日本史研究批判」『歴史学研究』八二一。

宮嶋博史二〇一〇「日本史認識のパラダイム転換のために―「韓国併合」100年にあたって―」『思想』一〇二九号。

村井章介二〇一二『世界史のなかの戦国日本』ちくま学芸文庫。

桃木至朗一九九七「周辺の明清時代史―ベトナム経済史の場合―」（森正夫他編『明清時代史の基本問題』、汲古書院。

桃木至朗二〇一一『中世大越国家の成立と変容』大阪大学出版会。

桃木至朗二〇二二a『市民のための歴史学』大阪大学出版会。

桃木至朗二〇二二b「「儒教」の重層、「近世」の重層―近世北部ベトナムにおける親族集団と村落社会」小浜・

落合（編）二〇二二所収。

桃木至朗・山内晋次・藤田加代子・蓮田隆志二〇〇八『海域アジア史研究入門』岩波書店。

桃木至朗ほか（編）二〇〇八『新版東南アジアを知る事典』平凡社。

山内晋次二〇〇九『日宋貿易と「硫黄の道」』山川出版社（日本史リブレット）。

山田篤美二〇二二『真珠と大航海時代　「海の宝石」の産業とグローバル市場』山川出版社。

山本千映（やまもと・ちあき）二〇二〇「生活水準の比較史――イギリスと日本――」秋田・桃木（編）上掲書所収。

與那覇潤（よなは・じゅん）二〇一四『中国化する日本』文春文庫（原著二〇一一年、文藝春秋）。

李成市（り・そんし）二〇一八『闘争の場としての古代史――東アジア史のゆくえ』岩波書店。

李成市・宮嶋博史・糟谷憲一二〇一八『朝鮮史（上下）』山川出版社（世界歴史体系）。

渡辺信一郎・丸橋拓充・古松崇志・檀上寛・岡本隆司二〇一九―二〇『中国の歴史（全5巻）』岩波新書。

渡辺浩二〇二一『明治革命・性・文明』東京大学出版会。

Lieberman, Victor. 2003. *Strange Parallels: Southeast Asia in Global Context, c.800-1830, volume 1: Integration on the Mainland*, Cambridge: Cambridge University Press.

Lieberman, Victor. 2009. *Strange Parallels: Southeast Asia in Global Context, c.800-1830, volume 2: Mainland mirrors: Europe, Japan, China, South Asia, and the Islands*, Cambridge: Cambridge University Press.

桃木 至朗（ももき・しろう）

日越大学（ベトナム）教員、大阪大学名誉教授。専門はベトナム史、海域アジア史、教養教育と歴史教育ほか。博士（文学）取得。主な著作に『中世大越国家の成立と変容』（2011 年）、『市民のための世界史』（共編著、2014 年）、『市民のための歴史学』（2022 年、いずれも大阪大学出版会）、『海域アジア史入門』（岩波書店、2008 年）などがある。

「近世」としての「東アジア近代」——地域のいまを問い直す
〈講座：わたしたちの歴史総合《世界史×日本史》3〉

2023 年 3 月 20 日　第 1 刷発行

著　者　ⓒ桃木 至朗
発行者　竹村正治
発行所　株式会社　かもがわ出版
〒 602-8119　京都市上京区堀川通出水西入
TEL 075-432-2868 FAX 075-432-2869
振替　01010-5-12436
ホームページ　http://www.kamogawa.co.jp
印刷所　シナノ書籍印刷株式会社

ISBN978-4-7803-1263-8　C0320

総合索引等は「わたしたちの歴史総合」シリーズ特設ページで
http://www.kamogawa.co.jp/campaign/tokusetu_rekishi.html